學習類童書暢銷作家
樂多多 著

U0031735

必讀故事書

數學小王子
出任務

小學生最愛的闖關遊戲，
過關就學會了

※初版書名為：
《哇！數學就是闖關遊戲，過關就學會了》

事情還要從高斯遇到這本數學魔法書那一刻說起！這本厚厚的、墨綠色的數學魔法書長得真奇怪，封面像人的一張臉：「數學」兩個字像一雙眼睛；「魔」這個字倒像一個突起的鷹鉤鼻：「法」字像一張嘴；「書」字就像一縷黑白相間的大鬍子。

最讓人受不了的是，這本魔法書竟然說話了，聲音很尖、很刺耳，讓人聽著毛骨悚然……高斯嚇得一下子癱坐在地上……

就在那一瞬間，奇蹟發生了，三張紙在空中轉呀轉呀，最後變成了一本書，而且還有著一個非常神祕的名字——《應用題王國祕笈》！

愛上數學的驚奇冒險

　　小朋友們，你喜歡算數學嗎？也許你現在正皺著眉頭，嘟著嘴說：「我才不喜歡學數學！我討厭那些枯燥的數學題！」

　　之前的高斯也跟你一樣，非常討厭數學，他總是說：「學數學有看卡通有意思嗎？」、「學數學有打電動過癮嗎？」、「學數學有吃東西痛快嗎？」……正因如此，他的數學成績在班上一直都是墊底的。

　　然而，偶然一次機會中，他在爸爸的書房裡找到了一本會說話的數學魔法書，接著又認識了一個會魔法的醜陋老頭。老頭本來只想帶他去「數學王國」那裡見見世面，沒想到，他卻在那裡經歷了很多意想不到的事情：被關在牢房裡，險些觸碰到精密的機關而掉入萬丈深淵；遇到世界上最可怕的老師，差點再也回不到自己的世界……

　　在一次次的冒險結束後，他和數學發生了很大的變化。之前的他一聽到「數學」兩個字就頭痛，現在的他竟然說：「數學原來非常有趣」；之前的他對數學恨之入骨，現在的他竟然央求魔法書先生教他數學知識；之前的他連最基本的數學題都不會，現在的他能夠在10秒鐘之內算出任何一道計算題，加、

減、乘、除都不怕；之前的他最害怕做應用題，現在他最怕老師出的應用題不夠難！

更令人意想不到的是，之前數學成績總是倒數的他，現在竟然一躍成為全班甚至全校有名的「數學小王子」。

這到底是怎麼回事？

噓！這暫時還是一個祕密！不過，我可以小聲地向你透露：在去數學王國冒險時，他遇到了減法國王、加法王后、乘法國王、除法國王，還有應用題女王，據說他們還送給了他一本《數學祕笈》。

你想知道高斯在數學王國的驚險經歷嗎？

想知道加減法、乘除法、應用題的每個王國都是怎樣的嗎？

想知道高斯得到的《數學祕笈》裡面都有些什麼內容嗎？

那就拿起這本書，跟高斯一起到數學王國去冒險吧！

有趣、成就感！作文、數學不再是孩子頭痛的科目

暢銷親子作家 陳安儀

我一向認為，要激起學習的興趣，只有三種方法：一種是找出「動機」。只要有需求，再困難的內容都無法阻擋人們學習的熱情。相反地，如果找不出動機，學習就必須要非常「有趣」，讓人覺得樂此不疲。最後，則是「成就感」。只要能夠讓孩子得到成就感，學習就變得一件正向的事。

《數學小王子（作文小公主）出任務》這套書，恰恰掌握了後兩者：如果數學就像解開一場有趣的魔法；如果寫作就是進入一個奇幻世界；再加上孩子們最愛的闖關遊戲，製造讓他們獲得成就感的方式，兩科明明非常重要、卻總是讓無數孩子頭疼的科目，從此以後，就不再是一樁難事囉！

活潑的闖關故事，探索學習無限樂趣

中華民國兒童文學學會 祕書長 蔡淑媖

學習最重要的是「學會學習」，小孩在學習過程中最需要人家幫他找到學習的路徑，偏偏很多大人相信小孩功課不會是因為他們偷懶，所以用逼迫的方式要他們重複練習，強行記憶，結果，孩子程度依然沒有提升，反而破壞學習的興趣、喪失自信心。

闖關遊戲一向是最吸引孩子們的活動，作者把難懂的科目設計成闖關遊戲，很有創意，也很用心。我自己從事作文指導教學，深深被《作文小公主出任務》這本書給吸引，它用活潑的方式直指寫作技巧核心，由淺而深、從簡單到複雜，讓孩子了解原來可以這樣訓練自己的文筆。

這是一套引導小孩走向學習路徑的書，作者用說故事的方式，把數學和作文的學習方法深入淺出呈現出來，只要依循著書中情節，跟隨著故事人物腳步去探索學習祕境，不管小孩自己閱讀，或大人指導孩子學習時作為參考教材，都受益無窮！

目錄

第三關　應用題王國大考驗　　145

序曲

奇妙的數學魔法王國

在書翻開的那一瞬間，高斯尖叫了起來，因為那本魔法書竟然說話了！它的聲音很尖又刺耳，陰森森的，像一個老巫師，讓人聽著毛骨悚然……

奇怪聲音的主人，到底是何方神聖呢？

[提示] 鬍子、拐杖、鷹勾鼻

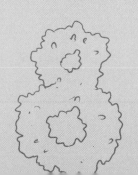

數學不在行的數學小王子
——高斯

別看現在的高斯被同學稱為「數學小王子」，數學成績頂呱呱，之前的成績卻老是在班上墊底。不僅如此，他只要出現在校園，周圍的人都會指著他的背後偷笑著說：「這就是四年一班的那個『高不愁』。」

為什麼大家叫他「高不愁」呢？因為他實在是太樂觀了，好像永遠都不知道煩惱。

如果你的成績差到了極點，你會煩惱嗎？不用說，當然會。但高斯同學卻從來不煩惱。別的同學都考了100分，他只考了60分，但他還樂滋滋地說：「不錯不錯，及格了。」別的同學都考了60分，他只考了20分，他還一本正經地自我安慰說：「不能怪我考得低，這次的題目太難了。」有一次他考了0分，應該要煩惱分數了吧，但他卻無所謂地說：「沒有分數的考卷，丟了吧，就當沒考過！」

不知煩惱也就算了，可以當他是天生樂觀，但高斯的腦中好像根本沒有學習兩個字。上課比誰都來得晚，下課比誰跑得都快，一到快上課時，他就動壞腦筋想把學校的鬧鈴搞壞。他說：「只要上課鈴不響，就不用回教室上課了。」

學校裡，可以讓他煩惱的事只有三件：

首先，課堂間玩耍的時間實在太短了。

再來，坐在他隔壁的同學李小白，雖然她是個漂亮、乖巧，成績又好的小女生，但高斯一點都不喜歡她，因為她太愛出風頭了，而且還看不起成績不好的同學，特別是看不起高斯。

最後，高斯最怕數學老師對他嘆氣。每次公布數學成績時，老師都會一邊對著他搖頭，一邊嘆著氣說：「是搞錯了嗎？爸爸是數學教授，兒子卻是個數學白痴，難道是出生時護士抱錯了？」

原來，高斯的爸爸是聞名的數學教授，因為從小崇拜德國數學家高斯，所以才為兒子取名高斯，以此寄託對兒子的美好期望——希望兒子將來能成為像高斯一樣偉大的數學家。但令他意外的是，高斯的數學成績……

「唉！唉！唉！」高斯感覺愈來愈不妙了，之前數學老師發成績單時只會對他嘆息一聲，但這次發成績單，老師竟然連著嘆了三口氣，並且每次都是超過30秒的「大嘆息」！

高斯有些心慌了，他在心裡對自己說：「誰不想考個好成績呢！如果學數學能像玩那樣快樂就好了！」

會說話的魔法書

　　那天是週五，放學鈴剛一響，高斯就像一隻終於獲得自由的小鳥，抓起書包衝出教室。他心想：五天的「苦難日」終於熬過去了，接下來的兩天可以盡情玩了，看卡通、玩電腦，帶樓下幾個小孩玩警察抓小偷……想怎麼玩就怎麼玩，實在太開心了！

　　但剛回到家，媽媽就問他考試的事，想看成績單。接過成績單，媽媽先是悠長地嘆了口氣，接著自言自語地說：「李小白所有的科目都考100分，她到底是怎麼學的呢？」

　　又是李小白！連媽媽也稱讚李小白，高斯就像被人從頭澆了一瓢冷水，剛才開心的心情早就消失得無影無蹤了。他生氣地「哼」了一聲，「蹬蹬蹬」踩著腳回到自己的房間。

　　他氣呼呼地躺在床上，愈想愈氣，「都怪李小白，每次都考那麼好，誰跟她坐隔壁誰倒楣！」他真的不想跟李小白坐同張桌子了。

　　想著想著，他突然聽到爸爸媽媽在客廳裡小聲的交談。

　　「看到了嗎？高斯好像有點不喜歡他的同學李小白呢？」媽媽的聲音幽幽地傳來。高斯在心裡大喊：「才不是『有點』，是非常不喜歡！」

「兒子沒考好，本來就傷心，妳就別提李小白了！」看來還是爸爸了解他。不過，他才不是因為沒考好而傷心呢！

「要不你把最近研究的那本數學魔法書給高斯看看，說不定下次他就能超過李小白了！」

「噓！小聲點，千萬別讓高斯聽到……妳知道的，那本魔法書是個有缺陷的作品，高斯根本就駕馭不了它！」

「是呀，萬一被魔法書控制，後果不堪設想！可是，照高斯這種狀態，他的數學成績……」

「別說了，總之，我不允許他接觸那本魔法書，以後也不要跟他提起魔法書的事！」

魔法書？什麼魔法書？高斯早已忘了生氣，一下子就從床上坐起來，豎著耳朵繼續聽爸爸媽媽聊天。忽然靈光一閃，他腦袋裡閃過一個念頭，便壞壞地笑了開來。他一定要把爸爸的那本魔法書弄到手，和那討厭的李小白一較高下！嘿嘿，到時候他要讓李小白輸得一塌糊塗……看她還得意得起來嗎！

吃完晚飯後，趁著爸媽出門散步，高斯躡手躡腳地來到爸爸的書房。他直覺那本神奇的數學魔法書應該就藏在書房裡。可是翻遍了書桌、抽屜、書櫃都找不到……爸爸到底把它藏在哪裡了？他急得鼻子上都冒出小汗珠。

最後，他發現書櫃上頭有個黑箱子特別可疑。高斯迫不及待地搬來椅子，又在椅子上面放了一張小板凳，費了九牛二虎之力才把小箱子取下。

箱子沒有上鎖，一打開就看見裡面有一本很厚的書。墨綠色的封皮，上面寫著「數學魔法書」幾個大字。這果然是他要找的魔法書！

這本魔法書很奇怪，就像人的一張臉：「數學」兩個字在最上面，像一雙眼睛；「魔」字像一個突起的鷹鉤鼻；「法」字緊接著在下面，像一張嘴；最有意思的「書」字，就像一縷黑白相間的大鬍子。

如果它真的是一張臉，可比動畫片裡那些醜陋的巫師還要醜！雖然封面看起來不是很好看，但高斯還是高興得不得了，迫不及待地翻開第一頁。就在書翻開的那一瞬間，高斯尖叫了起來，因為那本魔法書竟然說話了！它的聲音很尖又刺耳，陰森森的，像一個老巫師，讓人聽著毛骨悚然。

「歡迎你，我的主人！」

高斯大叫著把它推到一邊。他一邊不由自主地往後退，一邊警戒地看著魔法書。魔法書沒有在意高斯的動作和行為，仍然以那怪異的聲音做著自我介紹：「我是神奇的數學魔法書，以後請稱呼我魔法書先生。我可以讓你掌握所有的數學知識，也可以幫你克服所有的數學難題，更能讓你考第一……」

什麼？考第一？一聽到能夠考第一，高斯早已忘了害怕，此時他的腦海中出現這個畫面：他拿著100分的成績單，被羨慕的同學們包圍著，幾個高個子男生還把他高高地舉起來。而李小白卻獨自一人坐在角落裡，偷偷地擦眼淚呢！

這是他夢中經常出現的情景，如果魔法書真的能把它變成現實，那真是太好了。高斯激動地奔向魔法書，抱起它說：「我連做夢都想考第一，你一定要幫我！」

魔法書哈哈大笑，忽然笑聲戛然而止，一本正經的說：「幫你當然可以！」它的回答乾脆、爽快，好像它早已知道高斯的回答般。

「不過，」高斯還沒來得及高興，魔法書接著說：「讓我幫忙是需要付出代價的，這一點你可要想清楚喲。」

高斯遲疑了一下，忽然想起爸爸說過的那句話：「它是個有缺陷的作品，高斯駕馭不了它！」

它到底有什麼本事，為什麼我還駕馭不了它呢？高斯心中突然生出害怕的感覺……但一轉念，魔法書是爸爸的作品，萬一有什麼情況，大不了讓爸爸對付它！

想到這裡，高斯笑了，爽快地答應了魔法書。

魔法書奸笑了起來，它的笑聲實在太難聽了，聽得高斯起了一身的雞皮疙瘩。

1公斤棉花與1公斤鐵哪個重？

　　高斯是個急性子的小孩，魔法書才剛答應幫他，他便迫不及待地說：「魔法書先生，快把魔法傳授給我吧，我現在就想成為數學大王。」

　　「請稱呼我令人尊敬的魔法書先生！」它的表情高傲，彷彿是一位掌握重權的國王。

　　高斯感覺不太舒服，他最受不了那種高傲的人，更何況它不是人，只是一本書而已！要是在平時，他早就把它丟到地上了，但現在，自己有求於它，只好低著頭，小聲地說：「令人尊敬的魔法書先生，請把魔法傳授給我吧！」

　　魔法書笑得滿足又自豪，它緩緩地說：「不急，不急，在傳授魔法前，我想先測試一下你的數學水準，出一個幼稚園小朋友都會做的題目，看你能做對嗎？」

　　高斯有點不服氣，心想，幼稚園小朋友都會做的題目，我當然會做了，這還用說嗎！為了證明自己的實力，高斯拍著自己的胸脯說：「儘管放馬過來吧！」

　　魔法書冷笑了一聲。隨後，魔法書自動翻到第一頁，上面出現了一道題目：

1 公斤的棉花與 1 公斤的鐵哪個重？

果然是幼稚園級別的題目，這樣的題目，高斯閉著眼睛都能答對。所以，他立刻喊出了答案：「當然是鐵重了，這點常識我還是有的。」

魔法書又冷笑了一聲。之後，書上的題目神奇地消失了，又出現另一道題目：

1 公斤豬肉與 1 公斤羊肉哪個重？

這可難倒高斯了！高斯跟媽媽去超市買過肉，但哪種肉比較重，他還真沒研究過。不過，就算他沒秤過豬肉和羊肉，也看過活生生的豬和羊。豬一般都是肥頭大耳，而羊卻瘦瘦弱弱，豬比羊大得多，所以當然是豬肉重了。

他把自己的答案告訴了魔法書。

魔法書這次沒有冷笑，想必高斯答對了吧！一眨眼的工夫，書上的題目又神奇地換成了另外一道題目：

有個人從家裡去學校，去的時候花了 1 小時又 10 分鐘，回來的時候卻只用了 70 分鐘，這是怎麼回事？

這個魔法書也太扯了吧！這哪是數學題，分明是生活常識！高斯不耐煩地說：「因為去的時候他剛吃飽飯，所以走得快，時間用得少；回來的時候肚子都餓扁了，走得慢點也是正常的。」

答完之後，他覺得好像還不夠全面，接著說：「還有一種

可能性，這個人住在山上，學校在山下，他去的時候走的是下山路，所以走得快；回來的時候得爬山，所以用的時間要長一點！」

「我說魔法書先生，你出的題目也太沒水準了吧……」高斯的話還沒說完，魔法書便自動闔上了。高斯想把它打開，但用盡全身力氣，都沒有成功。

這是怎麼回事呢？這本魔法書太怪異了！高斯不知所措的看著它，魔法書才冷冷地說了一句：「你的思考方式有問題，等找到自己的問題再來找我吧！」之後便再也不說話了。

高斯失望地坐在地板上，他覺得自己的想法很正常呀，難道那幾道題目他都答錯了？不然魔法書先生為什麼不理他了呢？

來不及細想了，他得馬上把魔法書放回去，因為他聽到了爸媽上樓的聲音。

不認真思考問題，
就不可能學好數學

　　人要是倒楣，就會遇到一大堆不開心的事。

　　第二天高斯一來到學校，便看到一群人圍著同桌的李小白。有人向她請教難題，有人誇獎她聰明，每次都能考第一……高斯本來心情就差，看著這麼多人圍著李小白轉，他的鼻子差點都氣歪了。

　　「李小白，聽說妳是我們班最聰明的人，我有幾道難題想向妳請教。」高斯的語氣有些高傲，還包含著幾絲挑釁的味道，根本不像是在向人家請教。

　　李小白本來不打算理他，但旁邊的同學反而聽不下去，紛紛轉向高斯：「你能有什麼難題呀？什麼題目都難不倒李小白！」

　　「我問你們，1公斤棉花與1公斤鐵哪個重呀？」

　　李小白抬起頭，很不屑地說：「高斯，你別想迷惑我！所有人都知道鐵比棉花重，但這道題目是有前提的，就是鐵和棉花都是1公斤，所以鐵和棉花一樣重。」

　　高斯這才恍然大悟，原來魔法書在跟他玩文字遊戲。他故意裝作不以為然的樣子，晃著腦袋對大家說：「其實這道題目的答案我早就知道，就是想考一考她，沒想到她真的對了。」

「那有個人從家裡去學校，去的時候花了1小時又10分鐘，回來的時候卻只用了70分鐘，這是怎麼回事？」

聽完題目，李小白撲哧一聲笑了。她有些不耐煩地說：「1小時又10分鐘不就是70分鐘嗎？想用這種文字遊戲來騙人，我才不上你的當呢！」說完還狠狠地白了高斯一眼。

高斯愣在了那裡，原來他一道題目也沒答對，怪不得魔法書說他思考有問題。

高斯忽然對魔法書出的題目感到生氣，他覺得魔法書在耍他，故意出些怪異的題目讓他出錯。

放學回到家，他氣呼呼地闖到爸爸的書房，急忙把書櫃頂部的小箱子搬下來。一打開箱子，還沒等高斯把魔法書拿出來，魔法書就說話了：「如果你是來質問我的，請不用多說；如果你是來向我請教的，請翻開第一頁。」

高斯愣了一下，「它怎麼知道我心裡在想什麼，怎麼知道我要質問它？難不成它真的是個巫師？」高斯渾身打了個哆嗦，看來這本魔法書可不是好惹的！

識時務者為俊傑，他靈機一動，滿臉堆笑地討好魔法書說：「令人尊敬的魔法書先生，我怎麼會質問你呢？我是專程來向您請教的。」

魔法書非常滿意的笑了幾聲，好像它已馴服了高斯。忽然，笑聲戛然而止，「找到那幾道題目做錯的原因了嗎？」

高斯不好意思的說：「沒有。」

「嘩啦」一聲，魔法書自動翻過一頁。上面寫著幾個大字：

學數學最重要的第一步：認真讀題目。

過了一會，魔法書又「嘩啦」一聲自動翻過一頁，上面是：

不認真讀題目，就不可能學好數學。

高斯的臉已經紅到脖子，此時的他就像一隻戰敗的公雞，再也活潑不起來了。他深刻地意識到自己的錯誤，發誓以後做數學題目一定要認真讀題目，至少要認真讀兩遍。否則，又會被這本高傲的魔法書嘲笑了。

不過，他一轉念，這算什麼呢？這些話老師天天在課堂

上講，他要學習的是真正的魔法——一下子就可以讓他變成數學高手的魔法。看來魔法書還是捨不得把那些真本事傳授給他，所以，他得自己動手。

高斯自己動手把魔法書往後翻了一頁，那一頁是魔法書為他總結的技巧：

認真讀題小技巧

第1步：先一個字一個字地讀，確保沒有漏讀或讀錯字。例如，1公斤的棉花與1公斤的鐵哪個重，一個字一個字地去讀，就不會忽視「1公斤」這個概念了。

第2步：快速地把題目再讀一遍，這時你才能明白題目的整體意思。

奇妙的數學王國

人真是奇怪的動物，平時老師講了很多遍：要認真學習、認真學習……高斯從來都沒把這些話放在心上。但現在，魔法書不想教他，他卻想方設法地跟人家學！

高斯覺得自己必須採取一點策略，否則那個高傲的魔法書是不會教他的。

「令人尊敬的魔法書先生，您神通廣大、法力無邊……反正，您最了不起了。我對您的崇拜如濤濤江水連綿不絕，我……我想拜您為師……您就收我為徒吧？」高斯把所有能想到的好聽話全都用上了。

聽了高斯的恭維，魔法書心情大好得哈哈大笑。接著，他收住笑容，自豪地說：「拜師就免了吧，你不就是想學好數學嗎？這對我來說太簡單了！看在你很誠懇的分上，這樣吧，我帶你去見識見識。閉上眼睛，跟我來！」

高斯順從地閉上眼睛，他感覺自己的身體正一點一點地變輕，好像被一股神奇的力量拉入另一個世界。

再次睜開眼睛時，高斯被眼前的景象嚇呆了，他真的處在另一個世界裡，那裡的一切都很奇特，也很神奇：天上飄著很多形狀正規的雲朵，有圓形、長方形、正方形……偶爾兩片調

皮的小雲彩會悄悄地組合在一起，構成另一個更大的圖形。

那裡的樹木也很與眾不同，個個長得都像數字，有的像瘦高個「1」，有的像矮胖子「2」，有的像彎彎曲曲的「3」，還有一棵樹竟然長得像一個大葫蘆「8」……

那裡的街上沒有行人，只有數字和數學符號。你看，數字2和數學3正在玩遊戲，旁邊忽然蹦出個乘號、調皮地蹦到了2和3的中間，它們便一起變成了數字6。玩了好一會，小乘號玩膩了，便「嗖」的一下跳出來，數字6立刻又變成了數字2和3。

這裡的一切太有趣、太好玩了，高斯都看呆了。正盡情享受眼前美景時，忽然，他身邊出現了一個黑衣老頭，他個頭很

矮、又駝背，看起來只和高斯一樣高，拄著一根怪異的拐杖，拐杖的頂端是個老鷹的頭。

看高斯愣在那裡，老頭用尖尖的聲音對他說：「來吧，我帶你參觀參觀這個數學王國。」憑著聲音，高斯終於知道眼前這個老頭就是那本魔法書。

老頭像國王一樣大搖大擺地走在前面，高斯緊跟在他的後面。老頭仔細地介紹著周圍的一切，「看到了嗎？那邊那個小木屋是加減法王國，它的統治者是減法國王和加法王后，王后很溫柔，但那個國王的脾氣卻壞得不得了……那邊那個鐵製的小房子是乘除法王國，那邊是應用題王國……」

高斯迫不及待想到「應用題王國」裡去看看。但剛一邁步，魔法書卻一把拉住了他，「好了，小夥子，你的參觀到此結束了，我們該回去了！」

當高斯再次睜開眼睛時，他已經回到爸爸的書房，魔法書也安靜地躺在小盒子裡。高斯使勁揉了揉眼睛，這裡沒有數字形狀的小樹，也沒有三角形的雲朵，一切都是原來的老樣子，好像剛才什麼事情都沒有發生過。

高斯有些失望地嘆了口氣，魔法書像是看穿了他的心思，故意炫耀似地說：「你剛才看到的數學魔法王國在我的身體裡，只有我帶路，你才能進去！」

高斯一聽，趕緊把魔法書拿在手裡，試圖找到進入那個數學世界的入口，但是，那本魔法書，他連翻都翻不開，更別說找到入口了。

看高斯像洩了氣的皮球般癱坐在地上，魔法書像是自言自語，又像是對著高斯說：「其實要想進入數學世界並不難，想成為數學高手也不難，關鍵在於你是否捨得與我做交換。」

「交換？」高斯似乎對此很感興趣。

「是呀，帶你去一次數學世界，我得要耗費很多能量，為了報答我，你是不是也應該送我點東西？」魔法書漫不經心地說道。

「你想要什麼？」

「其實我想要的東西很簡單，剛才你也看到了，我的視力既不好，聲音也不好聽……所以，我希望你能把自己的視力、聲音分給我一些。」

「什麼？你想要我的視力、聲音……這不可能，絕對不可能！」

「小朋友，先不要急著回答我，你可以再仔細想想。對了，順便告訴你，我並不是想要你全部的視力和聲音，只要一小部分，並不會影響你的健康。想清楚了再來找我吧！」

說完，魔法書自動飛到盒子裡，自動關上蓋子，一眨眼的工夫，盒子一下便飛到了書櫃頂部。

「數學王子」高斯的故事
（1777.4.30～1855.2.23）

高斯，德國大數學家、物理學家和天文學家。與阿基米德、牛頓同享盛名，被譽為歷史上偉大的數學家之一，其肖像畫曾印在德國 10 馬克的紙幣上。

高斯是一名泥水匠的兒子，出生於德國的布倫瑞克 (Brunswick) 城。有一天，他觀看父親計算工人的週薪，當父親總算把錢算出來，準備寫下時，一旁不到三歲的小高斯説：「爸爸！算錯了，應該是……。」父親驚訝地再算一次，高斯説的數目竟然是正確的。沒人教過高斯怎麼計算，原來他平日靠觀察，在大人不知不覺時，自己學會了計算。

十歲那年，有一次學校的算術老師為了偷懶，要學生計算一道難題：

$1 + 2 + 3 + 4 + \cdots\cdots + 97 + 98 + 99 + 100 = ?$

不久，高斯就在他的小石板寫下答案，其他孩子都吃力地計算，最後只有高斯的答案正確無誤，原來他使用了這樣的算法。

$1 + 100 = 101$

$2 + 99 = 101$

$3 + 98 = 101$

……

$50 + 51 = 101$

前後兩項兩兩相加，就成了 50 對和都是 101 的配對，即 $101 \times 50 = 5050$。

高斯的算術老師非常高興，他自覺能力有限，無法對高斯提供太大幫助，便自掏腰包買了當時最好的數學參考書送給高斯。之後來了一位對教學充滿熱誠的助教，兩人一起研讀這本書，建立起深厚的感情。

這名助教設法使布倫瑞克一些有影響力的人注意到高斯的才華。高斯 14 歲那年，布倫瑞克公爵斐迪南首次接見他，他的謙遜和純樸打動了公爵，決定給予經濟援助，讓他有機會受高等教育。慷慨的斐迪南公爵援助高斯讀大學、印製博士論文、出版《算術研究》一書，直至 1806 年公爵去世為止。

對這位貴人，高斯充滿感激，在他的博士論文中獻詞給公爵：「您的仁慈使我得以從其他的羈絆解脱，專注於此項工作。」

加減法王國大挑戰

紅色的地毯、金色的柱子，地毯的盡頭是兩個大大的寶座。咦？上面的那兩個人不就是撲克牌中的老K和老Q嗎？他們究竟是何方神聖……

神祕關主

[歷險指數] ★★★☆☆
[關鍵提示] 門衛、限時問答、撲克牌
[關前警語] 步步驚心，小心你跨出的每一步！
[挑戰利器] 邏輯、膽識、勇氣
[闖關建議] 牢記算式，膽大心細！

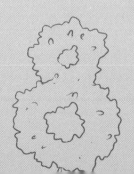

138 減 49 等於多少？
3 秒內回答！

　　想來想去，高斯決定答應魔法書的要求。畢竟損失一點點視力、聲音，沒有什麼大不了的！要知道，並不是所有人都有機會進入數學王國，也並不是誰都能輕輕鬆鬆學好數學……對於高斯來說，這個機會可是十分難得的。

　　再說了，憑自己的聰明和機靈，到最後魔法書能不能順利拿到他的視力和聲音，也沒人說得準呢！

　　現在，高斯最期待的事情就是魔法書能帶他到數學王國去盡情玩耍。

　　這天晚上，趁爸媽出去散步，魔法書再一次把他帶入了數學世界。

　　來到這麼美麗的神奇世界，走到哪裡卻總被一個醜陋的老頭跟著，真是一件不太愉快的事情！高斯的大腦飛快地思考著，想著如何才能把魔法書先生甩掉。

　　忽然，他閃過一個不錯的點子。他滿臉笑容地對魔法書說：「神奇的魔法書先生……」

　　「請稱呼我令人尊敬的魔法書先生！」

　　「令人尊敬的魔法書先生，你看，這個數學世界多神奇，多漂亮呀！在這麼美的地方，如果不玩點有趣的遊戲真的太

可惜了。」看到魔法書滿臉自豪的樣子，他接著說：「不如……不如我們玩捉迷藏的遊戲怎麼樣？」

魔法書是個孤獨的老頭，不管是大人還是孩子，一個孤獨的人是不會拒絕他人的熱情邀請的。他心動了，但仍然不放心地提醒高斯：「千萬不要躲到那些小房子裡去，憑你現在的數學水準，要麼進不去，要麼進去也出不來！」

高斯口頭上許諾了，但心裡卻在想：少嚇唬人，我高斯可不是那種容易受騙的小孩！

趁著魔法書不注意，高斯悄悄來到一座小木屋門前，抬頭一看，原來是加減法王國。

剛想推門，從屋頂跳下兩個小傢伙——一個小加號，一個小減號，就像兩個神氣的門衛，每人手裡拿著一根小木棍，擋在高斯面前，把他嚇了一跳。

　　還沒等高斯回過神，小加號嚴肅地說：「要想進來，必須通過我們的考試。98加37等於多少，請在5秒鐘之內給我答案。」

　　高斯環顧了四周，想寫下算式，但卻找不到筆跟紙，怎麼算呢？忽然，高斯小眼珠一轉，轉而嬉皮笑臉地向小加號借了小木棍，小加號倒也大方，爽快的把小木棍借給他。高斯蹲下，剛想在地上畫個算式，但5秒鐘早就過了。

　　接著，小減號又問了：「138減49等於多少，請在3秒鐘之內給我答案。」

　　高斯慌張地用小木棍在地上寫好算式，還沒來得及計算，3秒鐘又過去了。

　　於是，小加號和小減號異口同聲地說：「你沒有資格進入我們加減法王國，請到別處去玩吧！」說完便消失了，任由高斯如何敲門，都沒人理他。

　　天呀，一個四年級的小學生，竟然連那樣簡單的算術題都算不出來，還因此吃了個閉門羹，這要是讓李小白知道，她不笑掉大牙才怪。

　　高斯慚愧極了，氣極敗壞地坐在地上，臉羞得像個紅蘋果。偏偏就在此時，魔法書神不知鬼不覺地出現在他面前：「不讓你進去，你偏要進，丟臉了吧！」

　　在這種尷尬的時刻，只能自己為自己打圓場了。高斯絞盡腦汁地把責任推到別人身上，「不是我算不出來，是它們太苛刻了，鬼才能在3秒鐘內算出那麼複雜的計算題呢！」

「我不是鬼，但我能！」

高斯突然發現，當臉上充滿自信與驕傲的神情時，即使再醜陋的臉孔也會變得很耐看。他拍了一下腦袋，突然醒悟般自言自語地說：「我真傻，要是早一點向魔法書先生學些計算的技巧，今天就不會如此丟臉！唉，我之前怎麼沒想到呢！」

所以，他又開始討好魔法書：「令人尊敬的魔法書先生……」

「好了，我明白你的意思了，不過，由於時間的關係，今天我只能教你一些簡單的加法速算技巧。」說完，他席地而坐，找了一根小木棍在地上筆畫書寫。

加法原來可以這樣簡單

$$78 + 37 = ?$$
$$79 + 88 = ?$$

　　魔法書先生隨意在地上寫出這兩道題目後，一臉嚴肅地對高斯說：「在2秒鐘內給我答案。」

　　這個老傢伙比剛才那兩個人還狠，高斯不滿地看了魔法書一眼，好像在說，這種任務根本不可能完成。

　　魔法書彷彿看穿他的心思，笑著說：「並不是我狠，也不是這個任務難以完成。我舉一個例子把這道計算題簡單化：

　　假如褲子有兩個口袋，左邊口袋裡裝了 78 塊糖，右邊口袋裡裝了 37 塊糖，有人問你一共有多少塊糖。為了計算方便，你從右邊口袋裡拿出 2 塊糖放入左邊口袋。這下，左邊口袋裡的糖果數目變成 80 塊，右邊口袋裡的糖果數變成了 35 塊，所以，你一下便能算出自己總共有 115 塊糖了。

　　怎麼樣，這樣計算很方便吧？」

　　高斯有些醒悟地點了點頭，「挺神奇的！」

「這不是神奇，而是運算加法計算題的一個小技巧——一邊加，一邊減。用心學吧，這可是你進入那些小屋的條件。為了防止你回去以後忘記，我分析計算過程給你看。」

$$78 + 37 = ?$$
❶ $78 + 2 = 80$
❷ $37 - 2 = 35$
❸ $80 + 35 = 115$

加法速算技巧

第一步：在兩個數中選擇一個數，將末位加上一個補數變成0。例如，78加2後就變80。

第二步：將加上的補數在另一個數上減去。例如，一個數加上2，另一個數37就得減去一個2，變成35。

第三步：將兩個變化後的數相加，就得出最後答案了。

「耶！」高斯高興地歡呼起來，這是他第一次覺得做數學算術題如此有趣。難道是魔法書先生用魔法讓他開竅了？不管怎麼回事，反正他已經喜歡上了這種計算。

他學著魔法書的樣子，也在地上寫出了第二道題的計算過程：

$$79 + 88 = ?$$
❶ $79 + 1 = 80$
❷ $88 - 1 = 87$
❸ $80 + 87 = 167$

魔法書不知從哪裡變出一個碼錶，高斯寫完全部的計算過程才用了3秒，這真是太神奇了。高斯忽然覺得自己好像是犯了數學癮，他要求魔法書先生再出幾道題來計算。只見魔法書先生用手指一指，地上便出現了p.39的四組練習題。

練習看看 二位數加法

練習題1（分解步驟）

（1）$88 + 58 =$

    ❶ $88 + \square = \square$

    ❷ $58 - \square = \square$

    ❸ $\square + \square = \square$

（2）$36 + 68 =$

    ❶ $36 + \square = \square$

    ❷ $68 - \square = \square$

    ❸ $\square + \square = \square$

練習題2

（1）$98 + 40 =$

（2）$99 + 51 =$

（3）$197 + 76 =$

（4）$259 + 88 =$

練習題3（請由這幾道題再總結出一個與眾不同的技巧）：

（1）$23 + 53 =$

（2）$64 + 14 =$

（3）$13 + 67 =$

（4）$72 + 54 =$

做完這些練習題，你自己總結出了什麼技巧？

（給個小提示，你可以分成這兩種情況思考：當兩個加數的末位都大於 5 時，當兩個加數的末位都小於 5 時）：

_____

_____

練習題答案

練習題1（分解步驟）

（1）88 + 58 =

    ❶ 88 + 2 = 90

    ❷ 58 − 2 = 56

    ❸ 90 + 56 = 146

（2）36 + 68 =

    ❶ 36 + 4 = 40

    ❷ 68 − 4 = 64

    ❸ 40 + 64 = 104

練習題2

（1）98 + 40 = 138

（2）99 + 51 = 150

（3）197 + 76 =

    ❶ 197 + 3 = 200

    ❷ 76 − 3 = 73

    ❸ 200 + 73 = 273

（4）259 + 88 =

    ❶ 259 + 1 = 260

    ❷ 88 − 1 = 87

    ❸ 260 + 87 = 347

練習題3

（1）23 + 53 = 76

（2）64 + 14 = 78

（3）13 + 67 = 80

（4）72 + 54 = 126

做完這些練習題，你自己總結出了什麼技巧？

當加數的末位數都大於 5 時，用「一邊加，一邊減」的方法計算。當加數的末位數都小於 5 時，直接用十位數與十位數相加，個位數與個位數相加即可。

3

10 秒完成四位數加法？！

　　看到高斯迫不及待的想要計算題，魔法書先生笑了。但這次不是奸笑，不是嘲笑，而是會心的笑，就像爸媽看到孩子認真學習所發出的溫柔微笑。

　　看他這種笑法，高斯還真有點不適應，渾身打了個哆嗦。為了轉移注意力，他只得低下頭拚命做題。

　　但魔法書卻制止了他，不急不徐地說：「以後計算題目的機會多著呢。」話一說完，他用手一指，「呼啦」一聲，地上那些題目都乖乖地跑到一張白紙上。白紙在空中翻轉、折疊著，最後自動跑到了高斯的口袋裡。

　　「這些題目是送給你的，留著回家慢慢做吧！」接著，他繼續說：「二位數的加法，一年級的小孩都會做。如果能在 10 秒鐘內算出四位數或四位數之上的加法題目，那才算厲害哦」

　　什麼？四位數以上的加法題，10 秒鐘之內算出？眼前的這個老頭簡直太狂狂了！如果不是因為他會那麼一點魔法，高斯一定會做個「吹牛大王」的牌子掛在他的脖子上。

　　看高斯像個小傻瓜似的傻傻看著他，魔法書用手一指，地上神奇地出現了這道算術題：

$$1284 + 3458 = ?$$

「不要寫算式,請在10秒鐘內算出答案。」

「不能寫算式,還要10秒鐘內算出答案,看來魔法書先生是真的把我當成德國那位偉大的數學家了!唉,就算真正的數學家也不一定能在10秒鐘內算出答案吧。」

看高斯愣在那裡一動不動,魔法書先生什麼也沒說,而是拿著小木棍在地上畫起圖來。

❶
```
   1284
 + 3458
```

❷
```
   1284
 + 3458
    142
```

❸
```
   1284
 + 3458
    142
 +   46
   4742
```

四位數以上加法速算技巧

第一步:在進行四位數以上的加法計算時,從右側開始以兩位、兩位為單位,將數字進行分解後再計算。

第二步:根據二位數的計算技巧,先算出84 + 58 = 142。

> 第三步：前兩位 12 ＋ 34 ＝ 46，然後將 46 和 142 對準位
> 　　　　數相加即可快速地得出最後結果 4742。

「看明白了嗎？這就是多位數加法的速算技巧——先把多位數分成兩位、兩位再相加。」

高斯對魔法書說：「令人尊敬的魔法書先生，請再給我出幾道題目吧！」

聽到高斯的請求，他用手指一指，地上出現了 p.44 的幾組算術題目。他張大嘴巴打了個大大的哈欠，便睡眼惺忪地對高斯說：「睏死了，我先睡會兒，你先做做這幾道練習題吧！睡醒了我會檢查的。」

練習看看 四位數加法

練習題1

（1）3249＋732＝

（2）5943＋857＝

（3）6279＋745＝

（4）5962＋105＝

練習題2

（1）4449＋7732＝

（2）6431＋3574＝

（3）4054＋5678＝

（4）8945＋4576＝

練習題3

（1）9936＋8155＝

（2）3349＋3316＝

（3）3464＋9477＝

（4）7897＋6589＝

練習題答案

練習題 1

（1）3249 + 732 =

$$\begin{array}{r} 3249 \\ +\ 732 \\ \hline 81 \\ +39 \\ \hline 3981 \end{array}$$

（2）5943 + 857 =

$$\begin{array}{r} 5943 \\ +\ 857 \\ \hline 100 \\ +67 \\ \hline 6800 \end{array}$$

（3）6279 + 745 = 7024

（4）5962 + 105 = 6067

練習題 2

（1）4449 + 7732 = 12181

（2）6431 + 3574 = 10005

（3）4054 + 5678 = 9732

（4）8945 + 4576 = 13521

練習題 3

（1）9936 + 8155 = 18091

（2）3349 + 3316 = 6665

（3）3464 + 9477 = 12941

（4）7897 + 6589 = 14486

步步驚險的加法考試

就算魔法書不要求高斯把那些練習題做完，他也會主動把它做完的。不僅如此，他還要把之前的那些練習題做完。因為他早已設計好了一個小計謀：等他掌握了運算技巧，就要去獨闖加減法王國。

現在，他的小腦袋瓜裡像是裝了個小馬達，邊想邊算，感覺自己的大腦在飛速轉動。終於……所有的題目全都被他搞定了。

他站起來，長呼了一口氣，向著蔚藍的天空伸了個大大的懶腰，好舒服！看了一眼旁邊熟睡的魔法書，他狠狠地朝他揮了幾下拳頭……噓，只是做個樣子，不要吵醒他！

於是，他先是躡手躡腳，接著又大搖大擺的向加減法王國走去。

走到小木屋前，他皺了一下眉頭，想起了剛才所受的侮辱，心裡很是不悅，便囂張的對著屋頂大喊：「小加號、小減號，你們兩傢伙趕緊出來，我的計算技巧已經練得爐火純青了，快出來接受我挑戰！」

小加號和小減號沒有出現，小木屋的門卻自動開了。真是怪事，難道他們知道高斯學藝成功，嚇得不敢出來了？管它

呢，既然門開了，先去裡面玩一圈再說。

高斯剛把腳踏進去，小木屋的門便自動關閉了。裡面漆黑一片，伸手不見五指，他感到有點後悔。努力把眼睛睜得大大的，但遺憾的是，這裡沒有一絲光源，就算眼睛睜得再大也看不清楚周圍。

高斯最不喜歡這種黑漆漆的氣氛，忽然心生一絲緊張，好像誤入了一個神祕的恐怖地帶。「有人在嗎？」高斯只得透過聲音壯膽。

沒有人回答他，只有回音從四面八方傳來。高斯覺得自己像是被關在一個鐵籠子裡，而且腳下好像就是一根獨木橋，所以他動也不敢動。害怕、無所適從等感覺慢慢籠罩了他的心。

幹麼到這個鬼地方來受罪呀！高斯剛想轉身，空中傳來一個溫柔而嚴厲的聲音：「進來容易，想出去可就不是那麼容易了！」

這個聲音雖然聽起來有些嚴厲但並不難聽，一下子就能讓人聯想到溫柔的媽媽。「給你出幾道題目，如果你能答對，就能走出這個小黑屋。」黑暗中的那個聲音繼續說著。

「那你快出吧！」現在高斯對計算數學已經有一些信心了，他想早一點離開這個恐怖的地方。

「23加53等於多少，在2秒鐘之內給我答案。」

「76。」（哼，對於現在的我來說，這樣的計算簡直輕而易舉！）

「很好，聽我的命令，向前邁開一步。」空中的聲音對高斯的答案感到很滿意，她接著問：「58加69等於多少，在2秒鐘之內給我答案。」

高斯很聽話的向前邁了一步，又自信地喊出了答案：

「127。」

　「很好，向左轉，再向前邁三步。456加159等於多少，請在3秒鐘之內給我答案。」

　「615。」（小意思，題目越愈我的思維愈靈活，讓暴風雨來得更猛烈一些吧！）

　「很不錯，向右轉，向後退一步，再向左邁四步。最後一道題，也是最難的一道題，4568加1248等於多少，請在3秒鐘之內給我答案。」

　「5816。」（這才是我的風格，我喜歡有難度的計算。）

　喊完答案，高斯才按著她的命令邁開步伐。

　　當高斯走完最後一步時，眼前突然出現一絲光亮，緊接著是一條豎著的光線，漸漸地，光線變成了光柱，光柱變成了一大片亮光……原來，這是一扇門，門的另一面是一個明亮的世界，一座金碧輝煌、閃閃發光的宮殿。

　　紅色的地毯、金色的柱子，地毯的盡頭是兩個大大的寶座，咦？上面的那兩個人不就是撲克牌中的老K和老Q嗎？他們怎麼……高斯還在納悶，突然覺得好像有人在跟他打招呼，原來是之前遇到的那兩個拿著小木棍的小加號和小減號。光顧著看寶座上的老K和老Q，高斯把兩旁的「小兵們」都忽略了。

　　「小兵們」有1、2、3、4、5、6、7、8、9、0，所有的數字都有，而且他們可以在瞬間組合成任何一個二位數，三位數以及多位數。當然，除了他們，還有一群大大小小的加號和減號。

　　那個拿著木棍的小加號一蹦一跳地跑過來，站在高斯面前，認真地對他說：「如果你再不進來，又要被關在門外了。」

　　光顧著欣賞眼前這個奇妙的世界，高斯都沒意識到他面前的那扇門正在慢慢地關閉。

　　他調皮地一跳，一下子便從黑暗世界跳到光明世界。下意識地回頭一看，嚇了一大跳，原來他身後的那個小黑屋是個布滿精密機關的「黑暗之淵」。如果他答錯一題，或走錯一步，不是掉入黑暗的深淵，就是會踩中某個機關，被大鐵錘砸中，被箭射中……高斯倒吸了一口涼氣，心臟「咚咚咚」的彷彿要跳出來了。現在他才意識到，剛才的經歷真的是太驚險了。

糟糕！減法國王生氣了！

　　拿著木棍的小加號把高斯帶到大殿中央，向他介紹他們的主人：「那位瀟灑的紳士就是我們加減法王國的減法國王，那位漂亮溫柔的女士就是我們的偉大的加法王后。趕快跟他們打個招呼吧！」

　　國王？王后？加減法王國裡還有國王和王后？高斯看傻了眼。

　　沒等他說話，王后便用溫柔的聲音對他說：「孩子，你的數學水準很不錯，在這麼短的時間，四道題目你全都做對了，很不錯……看來你的確下了工夫學數學！我想，我應該給你頒發一枚漂亮的小獎牌。」

　　「王后的聲音聽起來真耳熟，哦……」高斯想起來了，在小黑屋的時候，出題的就是這個聲音。果然，王后是個很和藹、溫柔的人，給人一種親切感。

　　王后剛吩咐完旁邊的小加號去拿獎牌，一旁的減法國王開口說話了：「慢著！」他的語氣很霸道，聽起來脾氣真壞，魔法書先生提過，他是個脾氣很壞的國王。高斯的心不禁咚咚作響。

　　壞脾氣國王繼續說：「我不覺得這個小孩認真學數學了，

讓我來考考他！」

減法國王要考他？高斯感覺自己的腿在發軟、額頭在冒汗，減法的速算方法他還沒學好呢！

這可怎麼辦才好？他的眼珠子轉呀轉，轉了好幾圈也沒想出好點子。俗話說，好漢不吃眼前虧，情況不妙，還是趕緊閃人！接著，他轉身就走。

「哈哈，哈哈，看到了嗎？他想做個逃兵！」忽然，減法國王的笑聲戛然而止，沒好氣地說：「哼，我最恨那種不學無術的小孩，不管願不願意，今天你都得接受我的考試。」

高斯別無選擇，因為他找來找去，根本就找不到大殿的出口！現在他只能祈禱壞脾氣國王出的題目不要太難。

「84減出29等於多少，3秒鐘內給我答案。」

高斯的小鼻子冒出了細小的汗珠。減法速算法他完全沒學過，難道就這樣等著受死嗎？高斯可不想這樣，他想為自己爭取最後的機會，「尊敬的國王大人，您能借我筆和紙嗎？」

「筆和紙？哈哈，只有笨人才用那玩意兒！」國王沒有理會高斯的要求。3秒鐘已經過去了，國王繼續出題：「69減39等於多少，給你3秒鐘時間。」

此時高斯只能聽到自己「咚咚」的心跳聲，大腦已經完全一片空白了。

「138減49等於多少？」

「……」

「1000減359等於多少？」

「……」

一題都沒有答，減法國王生氣了，把手邊的水果盤狠狠地摔在地上。

高斯很害怕，也很愧疚，不知道怎麼辦才好！突然，他感覺自己腳下的地板正在往下沉，難道是錯覺？低頭一看，天呀！不是錯覺，是真的，他的身體連同腳下的地板一點點地往下沉。他想要跳出來，但雙腳好像被緊緊地黏住了，想動都動不了。

旁邊的數字和加減號們的表情也很緊張，好像都在暗暗為高斯捏一把汗。那兩個拿木棍的小加號和小減號小聲地對著王后耳語。過了一會兒，王后小心翼翼的為高斯求情，但沒想到求情不成，卻把國王惹火了。

他發脾氣朝王后怒吼：「為這樣的孩子求情，妳覺得值得嗎？對待這種不好好學習的壞孩子就不能心軟，得讓他們吃點苦頭！」

所有人都低著頭，沒有人再說話，甚至連喘氣都變得小心翼翼。

高斯開始感到悔恨，悔恨自己之前沒認真學過數學，悔恨還沒學減法的速算法便來獨闖加減法王國。

此時高斯的大半個身體已經往下沉，他顧不得那麼多了，「哇哇」地哭出聲來，並且邊哭邊喊：「爸爸，媽媽，救我……我不想死……我不想被關在小黑屋裡……我以後會好好學習的。」

爸爸媽媽是聽不到他的呼喊的，因為高斯現在是在魔法書的世界裡。現在他唯一能做的，就是用手死命扒住地板，期望自己下沉的速度能夠慢一點。

下沉的速度愈來愈快，高斯的手已經沒有力氣了，他鬆開了手，整個人已經深深地陷進地板裡。

「拿塊新地板把洞補好。」對於減法國王的命令，沒有人

敢違抗。

　　眼前的光明愈來愈少，高斯已經完全絕望了，他像爛泥般癱坐著……

　　「手下留情！」忽然，一個不太好聽但很熟悉的聲音闖進來。

　　是魔法書先生！高斯蹬了一下，從黑暗中坐起來。

　　「堂堂的國王怎麼可以欺負一個小孩子呢？」

　　「我沒有欺負他，你知道的，我們的世界裡只歡迎那些數學水準高的人，對那些不學無術，絲毫不懂數學的人是絕對不會留情的，哪怕他是個孩子！」

　　「你的意思是說，我的徒弟不學無術？」

　　「他是你的徒弟？這怎麼可能呢？他連最基本的減法題都沒算出來！」

　　「是嗎？也許他有點累了。這樣吧，給他1個小時的時間，讓他好好休息一下，你再考他。如果你對他的成績還是不滿意，那就任由你處置，怎麼樣？」

　　高斯得救了，再一次見到光明，他覺得所有的一切都是那樣值得珍惜！爸爸、媽媽、學校、學習機會，還有魔法書先生……他在心裡默默地對自己說：「我會好好珍惜眼前的一切，珍惜與爸爸媽媽在一起的時光，珍惜學習的機會！」

3秒鐘減法演算法，怎麼達成？

　　高斯和魔法書先生被帶到一間非常漂亮的房間裡，裡面有舒適的大床，漂亮的餐桌，精緻的椅子……經歷了一番折騰，高斯沒有心思欣賞眼前這些美好的事物了，進門後他躺在床上一動都不想動了。

　　魔法書什麼也沒說，悠閒地喝著茶水。

　　床很舒服，但高斯心裡很不踏實。「令人尊敬的魔法書先生，1個小時之後減法國王再來考我時，你一定要幫我！」高斯的聲音充滿了無助。

　　「沒有人能夠幫你，除非你自己。」魔法書仍然是一副不擔心的模樣。

　　「我自己？別開玩笑了，減法速算技巧我一竅不通。」高斯立刻從床上坐起。

　　「不懂，你可以學呀！」

　　「可是現在只剩下不到1個小時的時間了！」

　　「時間會愈來愈少，但你不學便永遠不懂。」魔法書一邊品茶，一邊悠閒地說道。

　　高斯馬上從床上跑到魔法書的旁邊，著急地說：「偉大的魔法書先生，請教我一些減法的速算技巧吧！」

魔法書笑了笑，放下茶杯，替他講課。「先出兩個有代表性的減法題。」魔法書用手一指，紙上出現兩道題目：

$$94 - 51 = ?$$
$$84 - 29 = ?$$

「第一道題簡單，我一看就知道答案是43。」高斯說。

「那你知道有更簡便的方法嗎？」

「簡便方法？我只會用笨方法……」高斯紅著臉回答。

「看一看這個計算過程你就知道了。」魔法書快速地在紙上寫出：

$$94 - 50 - 1 = 43$$

高斯恍然大悟。魔法書接著說：

二位數減法第一個技巧

當減數的個位數小於5時，把它拆分成兩個簡單的數來減。

說完，魔法書還舉了很多個例子：

$$98 - 32 = 98 - 30 - 2 = 66$$
$$76 - 25 = 76 - 20 - 5 = 51$$
$$58 - 33 = 58 - 30 - 3 = 25$$
......

「當減數的個位數大於5時，算起來就麻煩了！」高斯皺著眉頭說。

「其實，掌握了技巧，一點都不麻煩，看看下面的這個神奇大變形。」說著，魔法書在紙上畫了個圖：

$$84 - 29 = ?$$
❶ $29 + 1 = 30$
❷ $84 + 1 = 85$
❸ $84 - 29 = 85 - 30 = 55$

二位數減法第二個技巧

步驟1：當減數的個位數大於5時，加上一個可以讓末位數字變成0的數字。例如：$29 + 1$變成了30。

步驟2：減數加了一個數字後，被減數也加上相同的數字，最後結果就是一樣的。即$84 - 29 = (84 + 1) - (29 + 1)$。

步驟3：當減數變成末尾是0的數字時，便很容易計算。即$(84 + 1) - (29 + 1) = 85 - 30 = 55$。

「耶！」高斯早已忘記了疲勞，高興地蹦跳起來。這些方法真的太簡便了，要是早點認識魔法書先生就好了！「哼！減法國王，這下我不用怕你了，儘管放馬過來吧！」高斯就像吃了一顆神奇的勇氣藥丸，突然變得天下怕，地不怕。

「先不要輕敵，減法國王可不是好惹的！」魔法書冷靜地繼續說：「先做幾道練習題，接下來的題目會更有難度！」說完，紙上神奇地出現了p.58的兩組練習題。

練習看看 二位數減法

練習題1

（1）$194 - 52 =$

（2）$87 - 64 =$

（3）$91 - 64 =$

（4）$83 - 64 =$

練習題2

（1）$138 - 49 =$

（2）$65 - 38 =$

（3）$91 - 56 =$

（4）$83 - 57 =$

練習題答案

練習題1

（1）$194 - 52 =$

➡ $194 - 50 - 2 = 142$

（2）$87 - 64 =$

➡ $87 - 60 - 4 = 23$

（3）$91 - 64 = 27$

（4）$83 - 64 = 19$

練習題2

（1）$138 - 49 =$

❶ $49 + 1 = 50$

❷ $138 + 1 = 139$

❸ $138 - 49 = 139 - 50 = 89$

（2）$65 - 38 =$

❶ $38 + 2 = 40$

❷ $65 + 2 = 67$

❸ $65 - 39 = 67 - 40 = 27$

（3）$91 - 56 = 35$

（4）$83 - 57 = 26$

四位數的減法，怎麼一算就對？

$$1000 - 349 = ?$$

　　高斯剛做完練習題，魔法書又給他出了一道多位數的減法題。但位數那麼多，根本無法用剛才的技巧計算，該怎麼辦？

　　看著高斯露出難色，魔法書說：「怎麼樣？減法沒你想得那麼簡單吧？」接著，他在紙上畫了三個方法：

❶

```
    1000
 −   349
```

❷

```
  990（10）
 −   349
     651
```

❸

```
    1000
 −   349
     700
 −    40
     660
 −     9
     651
```

多位數減法第一個技巧

步驟1：學校中列出算式1000－349，必須從右往左借
位、直式計算。

步驟2：這個方法不需要借位，而且從左往右計算。先把
第一位的數字去掉，然後把中間所有的0都變成
9，保留最後一位0。但計算時，必須把它看成
10來計算。即，9－3＝6，9－4＝5，10－
9＝1，最的答案是651。

步驟3：其實，用之前所說的簡便方法也可以計算：
1000－300＝700，700－40＝660，660－
9＝651，只是這種方法不如方法2來得簡便。

「怎麼樣，你覺得哪種方法最方便？」

「從左往右直接計算的那種。」

「君子所見略同！所以，把這種方法總結成文字就是：
100、1000、10000等數字做減數進行減法運算時，可以從左
側開始進行計算。首先去掉第一位的數字1，將中間的0變成
9，末位數字0不變，但在運算時要當作10，就可以輕鬆得到
結果。」

「太好了，沒想到這麼複雜的減法題也能變得這樣簡單。
不過，要想把這種方法熟記得多做練習。尊敬的魔法書先生，
請多給我出幾道練習題吧！」

魔法書很快地又給他出了p.61的兩組練習題：

練習看看 多位數減法

練習題 1

（1）$1000 - 886 =$

（2）$10000 - 1083 =$

（3）$8000 - 535 =$

（4）$60000 - 4465 =$

練習題 2

（1）$3001 - 156 =$

（2）$5003 - 846 =$

（3）$6006 - 4465 =$

（4）$1008 - 293 =$

練習題答案

練習題 1

（1）$1000 - 886 =$

$$
\begin{array}{r}
1000 \\
-886 \\
\hline
200 \\
-80 \\
\hline
120 \\
-6 \\
\hline
114
\end{array}
$$

（2）$10000 - 1083 =$

$$
\begin{array}{r}
10000 \\
-1083 \\
\hline
9000 \\
-80 \\
\hline
8920 \\
-3 \\
\hline
8917
\end{array}
$$

（3）$8000 - 535 = 7465$

（4）$60000 - 4465 = 55535$

練習題 2

（1）$3001 - 156 = 2845$

（2）$5003 - 846 = 4157$

（3）$6006 - 4465 = 1541$

（4）$1008 - 293 = 715$

做完這兩組練習題，高斯興奮得不得了，魔法書先生好像有些睏了，他強撐著頭，問：「在計算中，你沒有發現什麼訣竅？」

高斯興奮地拍了下桌子，把魔法書先生嚇了一跳，但高斯不太在意，仍興奮地說：「我早就發現了！為什麼把那些數字變來變去，最後還能得出正確答案？就是因為這是一個『陷阱』。就拿1000來說吧，把第一個數字1去掉，把中間的兩個0變成9，把最後一個0看作10，990＋10還是1000。實際上就是把1000分成990和10兩個數分別進行計算。」

「孺子可教也！」魔法書微笑著朝他豎起了大拇指。一邊用手揉著太陽穴，一邊自言自語地說：「就差一步了。」

「什麼就差一步了？」高斯不解。

「還差一步你就不用怕那個減法國王了。」

提到那個壞脾氣的減法國王，高斯心裡還真有些害怕。不過，他現在最想做的事就是補足自己不足的最後一步，於是催著魔法書教他。但魔法書卻面露難色。

「怎麼了？尊敬的魔法書先生，難道你不願意教我了？」

「不是我不願意教你，要掌握這個最後一步需要大量的練習，在這麼短的時間內，你是否能夠掌握，只能看你的造化！」魔法書面色凝重地說。

在這種危機時刻，再難的題目高斯也要挑戰，他早已迫不及待。

$$1842 - 1579 = ?$$

這次，魔法書沒用魔法，直接用手在紙上寫下這道題目，

然後為高斯講解：「確切來說，這種多位數的減法沒有什麼非常簡便的方法，不過，你可以試著把它們分解，這樣計算起來會簡便一些，你可以看看下面的計算過程。」

$$1842 - 1579 = （1700 - 1500）+ （142 - 79）$$
$$= 200 + 63 = 263$$

多位數減法第二個技巧

步驟1：四位數減四位數，由於位數相同，可以讓前兩位、後兩位分別相減，然後再把相減的數位組合。由於42比79小，所以，應該把1842拆分成1700和142兩個數字，把1579拆分成1500和79兩個數字。

步驟2：讓對應的數字分別相減。即1700 - 1500 = 200，142 - 79 = 63。

步驟3：把相減的得數相加即為最後得數。即200 + 63 = 263。

分析完計算方式後，魔法書竟然臉色蒼白地趴在桌上，高斯嚇得不知所措了，一邊搖魔法書的胳膊，一邊帶著哭腔問：「魔法書先生，你怎麼了，別嚇我……難道會魔法的人也會生病嗎？」

魔法書勉強擠出一絲笑容，「會魔法的人不會生病，但魔法使用太頻繁，能量會耗盡。我今天實在是太累了，剩下的就全靠你自己了……」話還沒說完，他化作一團綠光，消失得無影無蹤了。

　　一向以「男子漢」自稱的高斯突然流下眼淚，他知道，這次落淚不是因為害怕，而是因為感動。說實話，他之前對魔法書先生的印象並不好，但只有與一個人長時間接觸過，才有資格評論他是好是壞。一個為別人耗盡自己魔法的人絕對不是壞人，高斯堅信自己的判斷是正確的。

　　「孩子，你快點做好準備，還有一刻鐘就要一個小時了。」是加法王后的聲音，她那溫柔的聲音獨特又與眾不同。

　　高斯知道，他必須抓緊時間練習。由於魔法書先生來不及為他出練習題，他便自己出題自己練習。

練習看看 四位數減法

練習題 1

（1）5372 － 4693 ＝

（2）9257 － 4968 ＝

（3）4482 － 3927 ＝

（4）5364 － 4929 ＝

練習題 2

（1）7452 － 6973 ＝

（2）4957 － 3896 ＝

（3）5763 － 3895 ＝

（4）7894 － 6279 ＝

練習題答案

練習題 1

（1）$5372 - 4693 =$

➡ $(5200 - 4600) + (172 - 93)$

$= 600 + 79 = 679$

（2）$9257 - 4968 =$

➡ $(9100 - 4900) + (157 - 68)$

$= 4200 + 89 = 4289$

（3）$4482 - 3927 = 555$　　　　（4）$5364 - 4929 = 435$

練習題 2

（1）$7452 - 6973 = 479$　　　　（2）$4957 - 3896 = 1061$

（3）$5763 - 3895 = 1868$　　　　（4）$7894 - 6279 = 1615$

與減法國王的較量

　　做完練習題，高斯又複習了一下前面所學的減法速算法。接著，他沒等減法國王的召見，就大義凜然地推開門，讓門外的小加號帶他去見減法國王。

　　正如魔法書先生所想，減法國王正在琢磨如何出更難的題目難倒高斯！

　　高斯的提早到來讓減法國王有些意外，他很快就意識到，高斯絕非等閒之輩，他們之間的一場「惡戰」即將上演。

　　「5321減1999等於多少？」減法國王不但脾氣暴躁，心腸也夠狠，馬上出了一道最難的題目為難高斯。幸虧高斯之前做足了準備，不然一定會淪為他的階下囚！

　　「3322。」高斯不慌不忙地說出了答案。

　　「80000減45678等於多少？你只有2秒鐘的時間。」

　　「34322。」減法國王的問題剛出完，高斯的答案便脫口而出，前後相隔不到1秒鐘。

　　「……」

　　眼前的這個小孩跟剛才簡直判若兩人，減法國王驚愕地走到高斯面前，捏捏他的臉，拉拉他胳膊上的皮膚……他懷疑這個小孩是魔法書所變。

但眼前的孩子確確實實是剛才那個連最基本的減法題都算不出來的人。

溫柔的加法王后帶頭為高斯鼓掌，底下的數字和加減號們齊聲為高斯歡呼……他就像一個剛剛戰勝惡魔的英雄，盡情地享受他人的愛戴和歡迎。

此時的減法國王卻像洩了氣的氣球，完全喪失王者的氣魄。他低著頭，一遍又一遍地思考著整件事的過程，無論如何都不敢相信，他剛才竟然虐待了一位偉大的數學人才。

「國王，現在我們可以送這個小孩出去了吧？」加法王后為高斯說話。

減法國王瞪了王后一眼，但他沒有理由拒絕這個合理的要求，只得皺著眉頭擺擺手說：「送他走吧！」

「慢著！」

這是高斯的聲音，眾人嚇了一跳，減法國王好不容易答應放了他，他又想幹什麼？

「你們說把我關起來就把我關起來，說趕我走就趕我走，這不符合公平原則！」

減法國王先是一愣，之後走到高斯旁邊，摸著下巴上的鬍子說：「你這個小孩有意思，不走，待在這裡你還想做什麼？」

高斯眼珠一轉，「光你考我，我也要考考你，這樣才公平！」高斯的話引起軒然大波，從來沒有人敢這樣跟減法國王說話，更沒有人敢考減法國王。

減法國王「哈哈」大笑：「有意思！好吧，你出題吧！」

高斯的眼珠轉呀轉……還真讓他想出了一個好主意。他想，減法國王精通減法，這是當然，但他不一定精通加法呀。

所以，要給他出一道有難度的加法題。正好，他還記得之前李小白為難他時所出的那道題目，就拿它來為難減法國王！

他要了一枝筆和一張紙，在紙上寫下了這道題目：

$$1 + 2 + 3 + 4 + \cdots\cdots + 96 + 97 + 98 + 99 + 100 = ?$$

把紙遞給國王的時候，他學著國王的口氣說：「給你3分鐘思考和計算的時間。3分鐘後，請給我答案。」

減法國王臉上的笑容消失了，臉色開始變得很難看，額頭上開始冒汗，一邊拿著那張紙轉圈，一邊嘟囔著：「這個……這道題目不是我擅長的……」

看著減法國王氣得臉都要變成紫色的茄子了，溫柔的加法王后趕緊站出來打圓場，她走到高斯的身邊，用極小的聲音說：「你真是個聰明的孩子，國王只精通減法，我只精通加法，這是我們國家的祕密！」

接著，她大聲地對他說：「孩子，你看這樣行不行，這道題我來替國王回答。」

得饒人處且饒人，高斯想了想說：「好吧，我答應妳，不過你們也要答應我一個條件。」

「你說吧！」

「你們要給我兩枚小獎牌！」

「這很容易辦到！」

高斯立刻心花怒放，要是戴著那兩枚獎牌去學校，周圍的同學包括李小白一定非常羨慕！所以，他迫不及待地對王后說：「尊敬的王后，現在妳可以說答案了。」

王后沒有說話，而是拿起筆在紙上畫了個圖：

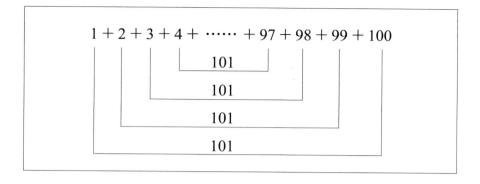

畫完，王后溫柔地說：「這道題目難不倒我，我來解釋一下吧，1＋100、2＋99、3＋98這樣加起來每個都是101，共有50個。所以，它們的和是101×50＝5050。」

其實，在此之前高斯只知道題目，卻不知道怎麼計算。現在聽了加法王后的講解，有種恍然大悟的感覺，但又有一個小小的疑惑，「妳怎麼知道有50個101相加呢！」

加法王后莞爾一笑，說道：「如果一時之間不確定有多少個101相加，你還可以用這個方法。」說著，便又在紙上畫了個圖：

$$1 + 2 + 3 + 4 + 5 + \cdots\cdots + 96 + 97 + 98 + 99 + 100$$
$$+ 100 + 99 + 98 + 97 + 96 + \cdots\cdots + 5 + 4 + 3 + 2 + 1$$

$$101 + 101 + 101 + 101 \cdots\cdots + 101 + 101 + 101 + 101 + 101$$
$$= 101 \times 100 = 10100$$

實際結果是這個結果的一半，所以$10100 \div 2 = 5050$

高斯這下心服口服，他用無比崇拜的目光看著加法王后，真誠地說：「偉大的王后，妳真博學。」

「孩子，在各自的領域裡，我們這裡的每一個人都是博學

的，以後有機會我再為你介紹吧！」

拿著木棍的小加號已經把小獎牌拿來了，加法王后親手把獎牌給高斯戴上，然後親自把他送出門。

令高斯高興的是，他一出門便看到魔法書先生，立刻衝了過去，拉著他的手說：「尊敬的魔法書先生，你的功力恢復了？真的是太好了！」

「噓！」魔法書把食指放在嘴邊，示意他往身後看。

小木屋的門在緩緩關閉，加法王后正揮手與他再見呢！高斯也揮起了右手，又下意識的用左手摸了摸胸前的小獎牌，在心裡對自己說：「如果有機會，我還會回來的！」

乘除法王國歷險記

房頂的那扇門打開，從上面射下一團金色雲霧，一路把兩人送到乘法王國。高大威嚴的乘法國王親自來迎接他們，還發給每人一枚小獎牌。此時，突然闖入一個不速之客……

神祕關主

[歷險指數] ★★★★☆
[關鍵提示] 監獄、牆壁、酒鬼
[關前警語] 偷懶、驕傲、馬虎都是害人精！
[挑戰利器] 勤奮、謙虛、謹慎
[關關建議] 留心前車之鑑，從他人的錯處學習！

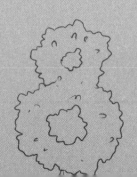

小獎牌風波

「高斯，高斯⋯⋯你這孩子，怎麼在這裡睡著了！」

高斯迷迷糊糊地睜開眼睛，咦，爸爸媽媽怎麼在這裡？魔法書先生呢？怎麼不見他的人影？高斯四處張望，這才發現自己正躺在書房的小床上⋯⋯這是怎麼回事？難道剛才的經歷是在做夢？

高斯一邊嘟囔，一邊努力地回想著，加法速算法、減法速算法、加減法王國、減法國王、加法王后，還有那兩個拿著木棍的小加號和小減號⋯⋯這一切都印象深刻地出現在腦海裡！

「作業寫完了嗎？趕緊回房間睡覺。」媽媽催促著高斯。

高斯看了看牆上的鬧鐘，天呀，已經十一點了！再不睡覺，明天上課又要遲到了！「啊⋯⋯啊⋯⋯好睏！」高斯已經哈欠連連了，半閉著眼睛，跌跌撞撞地回到自己的房間，脫掉衣服，準備睡覺⋯⋯「哎喲！」衣服上的什麼東西劃了一下他的皮膚，好疼！拿來一看，高斯立刻清醒了，而且差一點笑出聲來。原來是加法王后送給他的兩枚小獎牌！他真的不是在做夢，獎牌是真的，速算法是真的，加減法王國的大冒險也是真的！他已經迫不及待，想把這個冒險故事說給班上的同學聽。

　　第二天，高斯戴著那兩枚小獎牌來到班上。他想，同學們肯定會圍著他問獎牌到底是怎麼回事，到時候他就可以神氣地分享自己的冒險大經歷。

　　遺憾的是，他從教室的前門走到後門，又圍著走道走了好幾圈，還故意咳嗽了五、六次，但同學們不是嘰嘰喳喳的聊天，就是認真地翻看課本……沒有人注意到他的小獎牌。高斯沒好氣地坐在自己的座位上。

　　「高不愁同學，你要改行做模特兒嗎？你已經圍著教室來來回回轉了四、五圈了。」坐在高斯後面的大胖子英格力眼睛瞇成了一條縫，不懷好意地說。

　　「難道大家都沒有看到我今天戴了兩枚小獎牌嗎？」

　　「讓我看看，讓我看看！」好不容易有一個熱心的「觀眾」，高斯熱情地湊到英格力身邊。

「噢？果然是兩枚小獎牌。夜市買的吧？我家樓下的玩伴前幾天好像也買了兩枚。」英格力一邊擺弄小獎牌，一邊若無其事地說。

高斯怒了，竟然敢說這兩枚小獎牌是在夜市買的，他對著英格力大喊：「這獎牌不是買的，是我去加減法王國冒險時，加法王后頒發給我的！這種小獎牌只頒發給掌握加減法速算技巧的人！」

高斯這一喊，班上立刻鴉雀無聲，同學們都把注意力轉移到他們這邊。不提速算還好，一提速算，大夥都捂著嘴偷笑了起來。不知是誰小聲地說：「要說李小白得了速算獎牌，我們相信，但要說高斯得了速算獎牌，打死我們都不信！」

高斯氣得咬牙切齒，真想用手翻了桌子。

「兄弟，淡定，淡定，雖說我們的數學成績不太好，但也不能拿個破獎牌來騙大家呀！再說，你編的那個故事也太不真實了吧！」英格力像個智者般地開導高斯。

「你們為什麼不信呢？這個小獎牌確實是我得來的！」高斯就差把心掏出來給大家看了。忽然，他眼珠一轉，想出個好主意，「不信你們考考我呀，不管多難的加法、減法，我都能在10秒鐘之內算出答案！」

聽高斯這口氣不像吹牛，但大夥仍然是半信半疑。「我來出題！我來出題！」李小白搶著邊說邊將題目寫在紙上，「先出個難一點的，9999加8956等於多少？」

「18955。」大家還沒反應過來，高斯已經把答案說出來了。號稱「小喇叭」的柳月月急忙拿起計算機計算，答案一出來，她大叫起來：「天呀，他真的算對了！」

周圍的人包括李小白，都瞪大了眼睛，不敢置信地看著高

斯。英格力使勁吞了一口口水，「李小白，妳出的題目一點都不難。我來出個超級難的題目，1283加3459等於多少？」

柳月月拿著計算機與高斯一起計算，但最後還是高斯先喊出答案：「4742。」

「天呀，又答對了！你的腦子怎麼可能比計算機還快呢！」柳月月的聲音傳到了每個同學的耳朵裡。他們的嘴巴張得更大了，在眾人的注目下，高斯神氣地昂著頭，就像打了一場勝仗。

「也許他本來就擅長加法，做對幾道加法題沒有什麼了不起的，英格力，出一道超級超級難的減法題考考他，我就不信他算得出來。」看來誰搶了李小白的風頭，李小白就想挑戰他。英格力急忙從書包裡掏出一本《數學習題大全》，翻了好一會兒，才找出了一題他認為最難算的減法題：

$$11111 - 9897 = ?$$

高斯冷笑一下，接著大腦飛速計算，不到3秒鐘，答案就出來了：「1214。」此時，柳月月用計算機計算的答案也才剛算出來，與高斯的答案一模一樣。這下李小白無話可說了，她驚訝地看著高斯。

「高斯，我再給你出道題目，你若是答對了，我們就真的服你！」李小白仍然不服氣地說。「88乘以82等於多少？」

高斯臉上的笑容僵住了，天呀，李小白這個「狠毒」的人，竟然對他突然襲擊，要知道，乘法的速算法他還沒學呢！「這個，這個……」高斯的臉紅得像一顆熟透的番茄。

周圍的同學都小聲討論著，很多人都在說：「笨蛋就是笨

蛋！怎麼可能一下子變成天才呢！」

　　此時，高斯真想找個地洞鑽進去。但逃避不是辦法，只有真正的笨蛋才會逃避。他慢慢地抬起頭，一字一句地對大家說：「今天我有點累了，明天大家隨便考我，我奉陪到底！」

　　大家都知道，高斯這句話是說給不服氣的李小白聽的，李小白也不甘示弱，「那我們就一言為定！英格力，看來我們要研究一些難題來考這位『高手』了！」

　　英格力有些猶豫，他不知道是該站在李小白那邊，還是該站在他的好哥兒們高斯這邊。

胖瘦冒險二人組

　　放學鈴剛響，高斯就急匆匆地往家跑。但愈走愈覺得不對勁，他總覺得背後有雙眼睛在盯著他。難道被壞人跟蹤了？高斯心裡一陣緊張，不知道壞人是想謀財，還是害命？

　　「不行，」高斯在心裡對自己說：「不能坐以待斃，要用聰明和智慧去打敗壞人！」高斯快走了幾步，把壞人甩開，然後「嗖」的一聲躲進一個小巷裡，貼在牆邊等待壞人經過。

　　沒想到，竟然看到死黨兼好朋友——大胖子英格力。「為什麼跟蹤我呢？」高斯心有疑慮，決定先嚇嚇他。「搶劫，把手舉起來！」趁英格力不注意，高斯從他後面竄出來，一手捏著鼻子，一手用尺頂住他肥肥的腰。

　　英格力嚇得吞吞吐吐地說：「強盜大哥，我沒有錢，我只有三根熱狗、兩盒果凍……還有四根雞腿，在我的書包裡……我不回頭看，你自己拿吧！」

　　「我不信，你肯定還有好吃的！」

　　「我……我……我右邊褲子口袋裡還有一塊豬腳……這是我最後的家當了，你行行好，給我留一點吧……哪怕只留一根雞腿也行啊！」英格力真是個愛吃鬼，在這種時候都不忘跟「強盜」討價還價，為自己爭取吃的。

高斯再也憋不住，「哈哈」大笑起來。

回頭一看是高斯，英格力掏出口袋裡的豬腳邊親邊說：「我的小寶貝，我以為再也見不到你了呢！」

高斯笑夠了，才一本正經地問英格力：「死胖子，為什麼跟蹤我？」

「我……我……」英格力吞吞吐吐，說不出個所以然來。雖然有些不好意思，但英格力的眼神非常堅定，「我想跟你學數學！」

高斯知道，這位好友跟他一樣，也是得不到好的數學成績。不過他可比自己慘多了，數學成績慘不忍睹時，高斯回家頂多是聽爸媽嘮叨幾句。但英格力家卻會上演激烈的「拳擊賽」。「拳擊」的激烈程度要根據英格力的分數而定：80分以下，女子單打；70分以下，男子單打；不及格，男女混合雙打。因此，幾乎每次考完數學後，英格力總被修理得很慘。

充滿正義感的高斯當然想幫他的好朋友脫離「苦海」，但魔法書的祕密怎麼辦？魔法書先生會同意帶英格力一起去數學世界嗎？高斯低著頭，眉頭緊皺，來回踱步……想來想去，最後他決定幫英格力。兩個人一起冒險畢竟比一個人更好玩、更驚險、更刺激！

要想幫助英格力，第一步先得搞定魔法書先生。高斯把魔法書的祕密全盤告訴了英格力，他驚訝得小眼睛比平時大了一倍。但聽完高斯對魔法書先生的評價，他心裡有數，胸有成竹地說：「搞定魔法書先生，看我的吧！」

晚飯後，趁爸媽外出散步，高斯把魔法書先生請了出來。還沒等魔法書反應過來，英格力又是端點心，又是倒水，還把自己的雞腿和豬腳「貢獻」出來，殷勤地遞到魔法書先生面前

說：「這可是我們人間的極品美味，您嚐嚐，肉香味美，肥而不膩，保證您一口接一口⋯⋯」

高斯嘆了口氣，像魔法書先生這樣高傲的人怎麼會吃英格力那一套？他把英格力拉到一旁，對他直搖頭。

「先別搖頭，你回頭看一下！」英格力瞇著小眼睛一臉自信地說。

高斯這一回頭不要緊，驚訝得下巴差點掉下來，魔法書先生正坐在椅子非常享受地啃著雞腿：「美味，真美味，比墨水要好吃1000倍，不，1001倍！」

英格力朝高斯眨了眨眼睛，低聲說：「聽我的沒錯，跟大人相處就得來軟的！」高斯真不敢相信自己的眼睛和耳朵，這真的是那個高傲地不得了的魔法書先生嗎？

更意外的事情還在後面，吃完點心，魔法書先生竟然主動邀請他們，「帶你們到數學王國去轉一圈？」

「可是，我們兩個人，你的能量夠不夠？」高斯有點替魔法書先生擔心。沒想到魔法書先生詭異一笑，輕鬆地說：「放心吧，這次不用我耗費太多的能量，進去之後會有人教你們的！」

高斯怎麼覺得魔法書笑得令人心裡發毛，是不是有什麼陰謀呢？

算了，這次去數學王國可是身負重任。高斯為了提高數學成績、贏回面子；英格力要提高數學成績，改寫自己的命運，他的要求並不算高，只要考完試後別再出現「男女雙打」的局面就可以了。因為都肩負著使命，高斯忽然覺得他們都變成了為正義而戰的勇士！何不讓這次冒險活動更莊嚴，更神聖一點呢？

　　他找來兩頂相同的鴨舌帽，分別在帽子的前面寫上「胖」、「瘦」兩個字。

　　寫著「胖」的交給英格力，寫著「瘦」的戴在自己頭上，鄭重其事地說：「我宣布從今天開始，我們胖瘦冒險二人組正式成立。」

　　一個胖子，一個瘦子，前往一個充滿未知的奇異王國探求知識。懷抱著勇敢、堅強以及不屈不撓的態度……閉上眼睛，他們出發了。

天呀，他們被困在了
地下六層的牢房裡

當高斯睜開眼睛時，發現自己正在一幢房子的房頂上。房頂是錐形的、很陡，只要稍不留意人就會滑下去。

咦，周圍怎麼沒人呢？魔法書先生呢？英格力呢？不見其人，只聞其聲：「救命呀，救命呀！」憑聲音判斷，英格力應該就在附近。

高斯小心翼翼地朝聲源爬去，接近錐形的另一端時，聲音愈來愈近了。天呀，他看到英格力正懸掛在半空中，雙手緊抓著屋頂的邊緣，只要一鬆手立刻就會摔下去。這是一幢差不多有十層樓那麼高的房子，要是摔下去可不是鬧著玩的。

情況危機，高斯顧不得想什麼，把手伸向英格力，「英格力，抓住我的手，我來救你。」

也許相對於這個小小的數學王國來說，他們的重量實在是太重了，落下來時竟然把地面砸了個大大的洞。就這樣，他們不斷地往下沉，時間過了好幾分鐘，才掉到洞底。

他們還沒來得及「哎喲」幾聲或揉揉摔痛的屁股，兩排拿著長矛的乘號兵便逮捕了他們。

英格力好奇地打量著眼前這些怪異的小人，才剛想使用蠻力反抗，高斯及時制止了他，小聲說：「等一下，我們人單勢

薄，更何況在別人的地盤上，要用聰明和智慧智取。」

說完，他滿臉笑意地對最前排的乘號兵說：「這位乘號小朋友，如果我沒猜錯的話，這一定是乘除法王國吧？」

乘號兵冷笑了一下，「你猜錯了，這裡離乘除法王國遠著呢。」

「那這是什麼地方？」

「這裡是乘法王國的牢房，而且是地下最底層——第六層，只有最無知的人才會被關在這裡。」說完，乘號兵還輕蔑地看了他們一眼。

大胖子英格力再也忍受不了，非常不服氣地問：「我們犯了什麼罪，為什麼把我們關在這裡？」

乘號兵剛想回答，他周圍的夥伴不耐煩了，沒好氣地說：「別跟他們浪費口舌了，他們不會乘法難道還不識字嗎？這裡到處都是聲明，讓他們自己看吧！」

兩人被關進了一間陰暗潮溼的牢房，高斯這才發現，周圍的牆上貼了好多張這樣的公告：

「沒有人教我們，我們怎麼提高乘法速算水準？高不愁，都怪你，帶我來這個鬼地方……」英格力一邊用腳使勁踢牢房的牆，一邊不滿地發牢騷。

「哎喲……痛死我了！」

這是誰在叫？高斯、英格力背靠著背轉了一圈，沒人呀，這是誰在說話呢？難不成這裡有鬼？

兩個人都感覺背後吹起一陣涼風，汗毛都豎起來了。

「哎喲，別找了，我在這裡！」牆上出現一個衣衫襤褸的老頭，真奇怪，他鑲在了牆裡面，就像一幅畫。只見他一邊揉著腿一邊說：「這小子的力氣真不小，痛死我了！」接著，他摸了摸鬍鬚，有些嚴肅地說：「我是這間教室的老師，這是我的教師資格證、學歷證明、學位證明……。」

高斯從沒見過哪位老師穿得像他那樣破舊，上衣五顆扣子掉了四顆，口袋扯開了一個大洞，袖子也磨得發亮……英格力先湊過去檢查他的證件，接著又捂著張大的嘴巴，小聲地對高斯說：「這老頭竟然是乘法學的博士，但他為什麼會在牢房裡教犯人呢？」

「哎！」老頭深深地嘆了口氣，顯然，他已經聽到了英格力的話，接著又很無奈地說：「我也不想在這個充滿臭蟲和潮溼味的牢房裡教犯人，但是以前的我太懶了，整天賴在牆裡睡覺，懶得下床、懶得走路、懶得出門……結果，有一天我想出門時，卻發現自己再也離不開這堵牆了！」說完，他使勁掙扎了幾下，想衝出來，但那面牆就像被施了魔法一樣，把他緊緊困在裡面。

「原來是一個可憐的懶人呀，看來我們遇到了一位懶老師。」英格力小聲地嘮叨：「那我們以後就叫他懶老師好

了！」高斯認同地點了點頭，老頭好像也沒什麼異議。

　　看眼前這個可憐的老頭總是傷心的嘆氣，高斯拍了拍自己的胸膛，「懶老師，您放心吧，總有一天我會救你出去的！」

　　懶老師的眼中閃過一絲亮光，但很快又熄滅了，他知道，誰都幫不了他，除非他自己！不過，看著眼前這兩個活潑、善良的孩子，他倒很樂意把乘法計算知識教給他們。「來呀，孩子們，我教你們一種神奇的乘法速算法！」

懶老師的懶人演算法

牆上出現一道乘法題：

$$12 \times 17 = ?$$

懶老師指著英格力說：「剛才踢我的胖同學，這道題目，你能在3秒鐘之內給我答案嗎？」

「3秒鐘？你要我給你答案，我看你還是殺了我吧。」

高斯忍不住地問道：「懶老師，你肯定有什麼速算法，請教我們。」

「好的，在我教你們之前，先寫出這道題目的直式計算。」

學校的計算方法
12
× 17
14
7
2
1
204

列完直式後，高斯、英格力又像兩隻等待餵食的小鴨子，眼巴巴地等待著老頭分配任務。老頭只是笑著對他們點點頭，便在牆上畫下了這個圖：

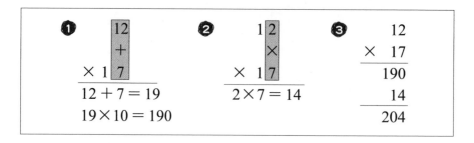

乘法速算技巧 1

步驟1：將第一個乘數12和第二個乘數17的個位數7相加，然後乘以10。即（12＋7）×10＝190。

步驟2：再用2和7相乘。2×7＝14。

步驟3：對齊位數相加，便得出最後得數。190＋14＝204。

「咦？老師的那種方法所算出的得數與我們算出的得數一樣耶。」英格力像發現了新大陸似地大喊。

「死胖子，不要把人人都知道的事實當成新鮮事，要說就說點有用的，為什麼這兩種演算法的結果一樣呀？」顯然，高斯的思維要比英格力快一步。

「這位同學說得很對，現在我們就要探究這種速算法是如何得出的。」懶老師不再說話，他要留足夠的時間讓眼前的兩名學生思考。

忽然，英格力就像發現了新大陸似地說道：「老師，我知道了，您的速算法其實就是把我們的算式計算過程轉化成具體

公式了。也就是說，以後我們算類似的乘法題時，直接套用您給的公式就可以了。這是懶老師教給懶學生的懶人演算法。」

「孺子可教也！」老頭對著英格力豎起了大拇指。「你們誰能把這個演算法用規律公式表示？」

「我！」高斯高高的把手舉起。懶老師示意他回答。

十幾乘十幾的二位數計算公式

（第一個乘數＋第二個乘數的個位數字）×10＋第一個乘數的個位數×第二個乘數的個位數。

懶老師忍不住的地點頭。「這是十幾乘十幾的規律算術題，如果我出下面幾道題目，如何計算呢？」

一眨眼的工夫，牆上又出現了幾道題：

$$28 \times 26 = ? \quad 34 \times 38 = ? \quad 45 \times 47 = ?$$

不能直接套用公式了，高斯和英格力你看我、我看你，都神氣不起來了。

「那你們看出這些題目的規律了嗎？」

「看出來了，是二十幾乘以二十幾、三十幾乘以三十幾、四十幾乘以四十幾……」他們異口同聲地說。懶老師說：

幾十乘幾十的二位數計算公式

十位數是幾，就把公式中對應的10就換成幾十。例如，兩個十位數是6的數字相乘，那公式就變成了這個樣子：

（第一個乘數＋第二個乘數的個位數字）×60＋第一個

　　高斯和英格力分工合作，一個用直式計算，一個用速算公式計算，最後得出的結果完全一樣。英格力忍不住又發表了一句廢話：「天呀，這個公式也太神奇了吧。」不過，神奇並不是這個公式的最大特點，計算速度快才是它的最大特點。懶老師又在牆上出了以下幾道練習題。

練習看看　二位數乘法

練習題1

（1）$17 \times 16 =$

（2）$16 \times 18 =$

（3）$13 \times 17 =$

（4）$19 \times 14 =$

（5）$18 \times 19 =$

（6）$15 \times 15 =$

（7）$15 \times 13 =$

（8）$15 \times 16 =$

練習題2

（1）$26 \times 29 =$

（2）$38 \times 35 =$

（3）$47 \times 42 =$

（4）$54 \times 56 =$

（5）$62 \times 68 =$

（6）$75 \times 73 =$

（7）$83 \times 81 =$

（8）$92 \times 96 =$

練習題答案

練習題 1

（1）$17 \times 16 = (17+6) \times 10 + (7 \times 6)$
$\qquad\qquad = 230+42 = 272$

（2）$16 \times 18 = (16+8) \times 10 + (6 \times 8)$
$\qquad\qquad = 240+48 = 288$

（3）$13 \times 17 = 221$ 　　　（4）$19 \times 14 = 266$

（5）$18 \times 19 = 342$ 　　　（6）$15 \times 15 = 225$

（7）$15 \times 13 = 195$ 　　　（8）$15 \times 16 = 240$

練習題 2

（1）$26 \times 29 = (26 + 9) \times 20 + (6 \times 9)$
$\qquad\qquad = 700+54 = 754$

（2）$38 \times 35 = (38 + 5) \times 30 + (8 \times 5)$
$\qquad\qquad = 1290 + 40 = 1330$

（3）$47 \times 42 = 1974$ 　　　（4）$54 \times 56 = 3024$

（5）$62 \times 68 = 4216$ 　　　（6）$75 \times 73 = 5475$

（7）$83 \times 81 = 6723$ 　　　（8）$92 \times 96 = 8832$

比加法還快的
乘法速算法

　　兩人計算的過程中，英格力急得滿頭大汗，時而焦急地偷瞄高斯，時而笨拙地往後挪著巨大的身體。原來英格力正在為「地盤」不足而著急。牢房的空間本就不大，加之高斯和英格力都蹲在地上做計算，牢房裡的空間就更小了。

　　所以，當高斯把所有的題目都做完，「我做完了」這句話還沒來得及喊出口，英格力便一把摀住高斯的嘴說：「不算、不算，這次是特殊狀況。」

　　高斯想把英格力的「熊掌」和粗壯的胳膊推開，但他愈掙扎，英格力摀得愈緊，他只能使勁大喊：「救命啊、救命啊，英格力謀色害命啊……」

　　這一切都被牆壁裡的懶老師看在眼裡，他哈哈大笑，接著從牆壁裡扔出兩本筆記本和幾枝筆，對英格力說：「這位胖同學，這下你可以鬆手了吧！」

　　「唉，老師，你要是早點把筆和筆記本拿出來，『高不愁』同學就可以免受皮肉之苦了！」說完，他不住地朝狂咳不止的高斯低頭道歉。

　　高斯揮起拳頭，正想往英格力寬寬的胸膛砸去，懶老師及時制止了他：「這位瘦同學，在這種小空間裡，你應該體諒這

位體型巨大、行動不便的胖子……得饒人處且饒人，這位胖同學也會感激你的！」

英格力深情地望著牆壁裡的懶老師，感動得幾乎要哭了。

「好了，言歸正傳！在乘法運算中，存在兩種很特殊的情況，現在我們先講其中一種情況的速算法。你們找找下面幾道題目的規律。」

$$88 \times 82 = ? \qquad 77 \times 73 = ? \qquad 61 \times 69 = ? \qquad 32 \times 38 = ?$$

「它們兩個乘數的十位數都相同。」英格力一馬當先。

「它們的個位數相加都等於10。」高斯當仁不讓。

「很好，你們兩個的意見總結在一起就很完整了，這種情況就是：十位數相同，個位數相加為10。這樣的兩個數字相乘該用什麼速算法呢？以88×82為例，你們先在紙上列直式計算一下。」

高斯和英格力馬上低頭賣力計算。當他們抬起頭來時，發現老頭早已在牆上畫出了這個圖：

❶
$$\begin{array}{r} 8\,8 \\ \times\, 8\,2 \\ \hline \end{array}$$
$$8 \times (8 + 1) = 72$$

❷
$$\begin{array}{r} 8\,8\, \times \\ \times\, 8\,2\, \\ \hline \end{array}$$
$$2 \times 8 = 16$$

❸
$$\begin{array}{r} 88 \\ \times\quad 82 \\ \hline 72\quad \\ 16 \\ \hline 7216 \end{array}$$

> 步驟1：十位數數字加1，然後與十位數數字相乘。即
> $8×（8＋1）＝72$。
> 步驟2：將個位數數字相乘。即$2×8＝16$。
> 步驟3：然後將兩個得數按順序連在一起，最後結果是
> 7216。

「真神奇，跟我們算的結果一個數字都不差呢！」這次，高斯情不自禁地發出了這樣的感慨。但他很快又捂住了嘴，意識到自己這句話是多餘了。正當英格力正要嘲笑他時，高斯馬上轉移話題：「快看，懶老師又給我們出題了！」

懶老師又在牆上寫下了這些題目：

$74×34＝?$　　$86×26＝?$　　$99×19＝?$　　$63×43＝?$

「孩子們，這不是練習題，這是另一種特殊情況，你們可以在這間牢房停留的時間不多了，我教快一點，你們也要加緊腳步學。」老頭忽然變得有些傷感，但他在努力調整著自己的情緒，「怎麼樣？總結出這幾道題目的規律了嗎？」

「個位數相同，十位數相加為10。」兩個人都非常有經驗地喊出了答案。

之後，英格力又多喊了一句：「與剛才的情況正好相反。」

「畫蛇添足！」高斯看了他一眼，他對高斯做了個大大的鬼臉。

「好，你們倆總結得都很對，你們知道這種情況用速算法

如何計算嗎？」

　　兩人搖頭。這個工夫，牆上又出現了一幅圖，以74×34為例，這類題目的速算方法：

❶　　　74
　　×　34
　（7×3）＋4＝25

❷　　　74
　　×　34
　　4×4＝16

❸　　　74
　　×　34
　　　　25
　　　　16
　　　2516

乘法速算技巧3

　　步驟1：十位數相乘，加上個位數。即（7×3）＋4＝25。

　　步驟2：將個位數相乘。即4×4＝16。

　　步驟3：將兩位得數按順序排序即為最後得數。即最後得數為2516。

　　講完最後步驟，還沒等高斯和英格力評論，老頭接著便給他們出了p.98頁的幾道練習題。

練習看看 二位數乘法的兩種特殊情況

練習題 1

（1）$27 \times 23 =$

（2）$67 \times 63 =$

（3）$21 \times 29 =$

（4）$75 \times 75 =$

（5）$98 \times 92 =$

（6）$34 \times 36 =$

練習題 2

（1）$52 \times 52 =$

（2）$29 \times 89 =$

（3）$88 \times 28 =$

（4）$65 \times 45 =$

（5）$17 \times 97 =$

（6）$23 \times 83 =$

練習題答案

練習題 1

（1）$27 \times 23 = $

$$2 \times (2+1) = 6$$
$$7 \times 3 = 21$$
$$27 \times 23 = 621$$

（2）$67 \times 63 = $

$$6 \times (6+1) = 42$$
$$7 \times 3 = 21$$
$$67 \times 63 = 4221$$

（3）$21 \times 29 = 609$

（4）$75 \times 75 = 5625$

（5）$98 \times 92 = 9016$

（6）$34 \times 36 = 1224$

練習題 2

（1）$52 \times 52 = $

$$(5 \times 5) + 2 = 27$$
$$2 \times 2 = 4$$
$$52 \times 52 = 2704$$

（2）$29 \times 89 = $

$$(2 \times 8) + 9 = 25$$
$$9 \times 9 = 81$$
$$29 \times 89 = 2581$$

（3）$88 \times 28 = 2464$

（4）$65 \times 45 = 2925$

（5）$17 \times 97 = 1649$

（6）$23 \times 83 = 1909$

與懶老師告別

　　沒一會兒時間，高斯和英格力便做完所有題目了。而且兩個人的答案都百分之百正確。

　　「真是太神了，這種速算法簡直比加法計算還要快。」兩個人異口同聲地說出這句話。說完，兩人又同時捂起了嘴，你看我，我看你。對視了兩秒後，默契十足的「哈哈」大笑了起來。

　　「老師，我們接下來學些什麼？」這次，又是兩人異口同聲地問。

　　奇怪的是，懶老師沒有回答。兩人迅速地抬起頭，望向眼前那面牆，牆壁裡的懶老師看起來非常難過，他好像在流淚，兩個人不知所措地愣住了。空氣中瀰漫著一股悲傷的氣息。

　　「老師，你怎麼哭了？」高斯小心翼翼地問。

　　「傻孩子，老師是高興的。我在這裡已經待了300年了，你們是我教過的最聰明的學生，也是最有活力的學生，老師好羨慕你們……老師也曾年輕過，也曾像你們這樣自由，無拘無束，但那時的我太不懂得珍惜時間了，總以為自己有用不完的時間，於是我盡情的睡，盡情的吃，盡情的玩……那時的我比這位胖同學還要胖很多……」

看著面前骨瘦如柴的懶老師，英格力的嘴巴張得大大的。他覺得懶老師講的這一切太不可思議了。

「直到有一天，我知道自己再也離不開這面牆了，也就是從那時起，我才開始努力學習，用心考試……雖然考取了一個又一個的學歷，獲得了一個又一個的榮譽，但有什麼用呢？我已經老了，我沒有自由了……」老頭懊悔而又傷感地講述著一切。

高斯和英格力剛想說些安慰他的話。懶老師制止他們，稍微調整一下情緒，繼續說：「還好，每隔一段時間，就會有一些像你們一樣的孩子或成人來到這裡，為我枯燥的生活帶來一絲新鮮感。只不過，你們很快就學會了，停留的時間太短了……」

英格力聽得都想哭了，他轉著眼珠對老頭說：「老師，你真傻，你別把那些祕訣都教他們，他們就能長時間陪你了。」

「哈哈，哈哈！」終於又聽到懶老師爽朗的笑聲了，「孩子，我也曾經想過，但很快的我就消除了這種想法。正因為我嘗過失去自由的痛苦，我不能自私的讓另一個人跟我一樣痛苦。你們都是善良的孩子，學習領悟性都很高。」懶老師就像一位慈祥的家長，充滿愛意的望著眼前的這兩個孩子。「來，孩子們，離我近一點，讓我摸摸你們的頭。」

高斯和英格力順從地走到牆邊。懶老師就像對待自己的孩子，看看這個，摸摸那個，眼中充滿了慈愛和不捨。最後，他湊在英格力的耳邊，輕輕地說了一句悄悄話，又塞給了他一張小紙條，「在上面一層中，你會用得到的。」

接著又輕輕地拍了拍高斯的肩膀，輕輕地對他說了一句悄悄話。想了想，把一張小紙條放到他手中，「在你遇到困難的

時候，它也許會幫到你。」

　　之後，他讓兩個孩子站在房子的中央，便靜靜地朝他們揮手。高斯和英格力還沒反應過來是怎麼回事，他們只覺得一股巨大的力量在上空吸著他們，接著便兩腿離地、飄到了空中。最後房頂的地板慢慢地打開……這時他們才意識到，他們升級了，他們要進入這座地牢的第五層了。

　　在即將升入第五層的時候，高斯有些不捨地看了一眼牆壁裡的懶老師，他一直在充滿愛意的對他們微笑。高斯對他大喊：「懶老師，你等我，我會救你出去的。」

　　懶老師的眼睛裡忽然充滿了閃亮的淚水，他臉上的笑容更濃了……。

懶老師的提醒

時間可貴，學習要趁早！

　　曾經，我覺得自己有用不完的時間，所以盡情玩樂，總覺得「功課等一下再做」、「書明天再念」。小朋友，你是否也跟從前的我一樣，只顧著「及時行樂」呢？好在，各位還年輕，還有機會趁早改變！如果能夠「先苦後甜」，先做好功課、先把書讀完，之後再來玩的話，一定能更盡興！

高傲的小矮人老師

　　雖然升級了，但高斯和英格力心中並沒有喜悅，只有離別的傷感和不捨。自從與懶老師分離後，英格力一直都在小聲的哭泣。高斯心中多少有些不解，問道：「說實話，剛才老師對你說了什麼悄悄話？」

　　英格力低頭不語，高斯便不再追問。好朋友之間的默契便在於此，他們之間沒有祕密，如果懶老師的悄悄話可以成為祕密，那這個祕密肯定有它存在的理由。高斯知道，只要時機一到，英格力會主動把這個祕密告訴他的。

　　高斯沒想把它當作祕密，因此剛來到這個大一點的房間後，他便悄悄地對英格力說：「懶老師說了，五層的老師是個怪脾氣的傢伙，他特意囑咐我要照顧你。」

　　令高斯不解的是，聽到這樣的話，英格力這個招搖的傢伙，不但沒有任何表情，而且一句話都沒說。真是奇怪，他怎麼突然深沉了起來？

　　高斯和英格力沉默了一陣子，兩人沉浸在自己的世界裡。沒想到接下來發生的事把兩個人重重地嚇了一跳。首先，從牆壁裡走出來一個「小人」，之所以稱她為「小人」，是因為從年齡來判斷，她是個大人，但個頭卻矮得令人難以想像，還比

高斯矮了一些。其次，這個人的長相與李小白實在太像了，要不是因為她是大人，他們還真以為她就是李小白。

「你們就是那兩個新來的學生吧，我先自我介紹一下，我是這間教室的老師，我叫高傲傲，你們以後要稱呼我高老師。」語氣高傲得不行，真是呼應了她的怪名字。

介紹完自己，她快速地掃視了一遍眼前的兩個孩子，最後把目光定格在英格力身上，眼睛一瞥，自言自語說道：「胖成這樣，一看就知道是個只會吃，不知上進的壞學生。」

莫名其妙地被一個陌生人羞辱，誰遇到這種事都會生氣。

英格力把拳頭握得緊緊的，臉憋得通紅，眼看就要發怒了。高斯對眼前這位女老師也沒有什麼好印象，他轉彎抹角的跟她頂嘴：「長得胖總比長不高好！」

「你，你，你……」女老師氣得說不出話來了，「哼，過不了我這一關，你們就別想走出這座大牢，看你還敢不敢跟我頂嘴。」說完便頭也不回地走回牆裡。

「對待這種高傲的人就是不能認輸。」高斯故意對著那面牆大喊。喊過後，周圍一片寂靜，靜得彷彿都能聽到自己和對方的心跳聲。

英格力忽然有些悲觀地問：「高不愁，你說我們會不會在這座地牢裡終老一生呀？」

終老一生？高斯心跳加快了，是不是就像第六層的懶老師一樣，從此沒有自由，接觸不到外面那個美好世界的任何事物……一種莫名的憂傷在兩人之間流轉。

「你知道懶老師跟我說的悄悄話是什麼嗎？」英格力靜靜地傾訴著，「他說，胖子比其他人遇到的挫折註定要多一些，所以，胖子更應該有一顆堅強、自信的心。懶老師曾經是個胖子，這是他總結出來的至理名言。可是，這不公平……我抗議，我不接受……」英格力有些情緒失控了。

當一個人情緒激動的時候，說什麼都是徒勞無功。所以，高斯什麼也不說，只是靜靜地陪著他的好朋友。時間一分一秒地流逝，英格力仍舊眉頭緊鎖，低垂著頭。

「不如這樣，我們看一看懶老師寫給你的字條是什麼？」高斯提議說。

英格力把字條攤開來，上面就是簡單的兩行字：

高傲的人長不高，自卑的人長不大；
矮子謙虛成巨人，胖子自信天下無敵。

接下來，兩個人都沒想到的事情又發生，字條一分為二分成了兩部分，左半部飛出去，字跡慢慢變大，最後變成了雕刻字體印在牆上。右半部飛呀飛呀，飛到英格力的胸前，貼在衣服上，但一轉眼的時間又消失得無影無蹤了。

英格力想了一下，便對高斯說：「我們向高傲傲老師道歉吧，畢竟我們是來學習的，不是來找誰較勁的。」

高斯很認同英格力的話，所以，他趕緊敲著眼前的那面牆。「高老師，我們錯了，我們向您道歉，您快出來吧！」高斯的語氣很真誠。

「高老師，我們向您道歉！」英格力也在喊。

千呼萬喚，高老師總算抬著頭，臉色得意地走了出來。「好了，我大人不計小人過，現在我們開始上課。」

99×26 = ？
3 秒鐘內給我答案

開始上課前，英格力悄悄的在高斯耳邊說了一句話：「我們要不要為難一下這位高傲的小老師，我們為難她，其實也是在幫助她成為巨人。」高斯對他眨了一下眼，「這才是真正的英格力嗎？聽你的。」這種「助人為樂」的事，高斯當然願意做。

「我講課的時候，最討厭學生在下面交頭接耳，你們到底要不要聽課？」高老師有些不耐煩了。

「老師，對不起，我們下不為例。」英格力的臉上堆滿討好的笑容，但他心裡卻默默地期待著這位高傲的老師會出醜。

「我們先學習乘法的一種特殊情況，任何一個位數與9、99、999、9999等大數相乘。例如：99×26，你們能在3秒鐘內給我答案嗎？」

唉！這裡的老師太沒有創新精神了，每個人都以這種方式開場，太沒新意了。高斯連想都沒想便說：「老師，以我們現在的水準根本達不到您的要求，您還是教我們那些神奇的速算法吧。」高斯的口氣誠懇，高傲的小老師開心地在地上畫了個圖：

❶		❷		❸	
	99		99		99
	× 26		× 26		× 26
26 − 1 = 25		99 − 25 = 74			25
					74
					2574

與9相關的乘法速算技巧

步驟1：某個數與99相乘時，先把這個數減1，作為得數的前兩位。即26 − 1 = 25。

步驟2：再用99減去上述的結果，作為最後答案的後兩位。即99 − 25 = 74。

步驟3：然後將兩個結果按先後順序排列，即為最後答案2574。

　　既然想要為難她，就要想方設法地挑她毛病。但她教的這種方法既方便又迅速，實在挑不出什麼毛病。雖然英格力和高斯都很擅長「雞蛋裡挑骨頭」，但在這種情況下，實在很難挑出問題來。

　　他們只好打破砂鍋問到底：「高老師，這種計算方法的確很迅速，但我想知道為什麼可以這樣算？」

　　高斯問完後，本以為高老師會皺著眉頭批評他，但意外的是，高老師竟然表揚他，「這位瘦同學的探究精神很難得，既然你們想知道，那我就說明一下。不過某些步驟有難度，你們要用心聽。」

　　說完，她又在地上開始畫圖：

$99 \times a$

$\begin{array}{l} \text{❶} = (100 - 1) \times a \end{array}$ ← ❶ 先將99換成100－1

$\begin{array}{l} \text{❷} = 100a - a \\ \quad = 100a - 100 + 100 - a \end{array}$ ❷ 先減去100再加上100，結果不變。

$\begin{array}{l} \text{❸} = 100(a - 1) + 99 - (a - 1) \end{array}$ ← ❸ 因數分解。

$99 \times 26 = 100(26 - 1) + 99 - (26 - 1)$

$\quad = 2500 + 74$

$\quad = 2574$

雖然高老師的圖畫得很清楚，但說實話，高斯和英格力卻看得頭暈眼花。「高老師，您能在3秒鐘之內告訴我們，9999×26等於多少嗎？」

「這很容易呀，只要套公式就可以了！」

$9999 \times 26 = 10000 \times (26 - 1) + 9999 - (26 - 1)$

$= 250000 + 9974$

$= 259974$

根據高斯多次在數學大世界闖蕩的經驗，這個高老師一定是與「9」相關的乘法題專家，就算出上萬道類似的題目也難不倒她。不過，只要換個題目，她一定就一竅不通了。他在心裡冷笑一聲，裝作很為難的樣子，「高老師，我最討厭這樣的乘法題目了，看似簡單，但怎麼算都容易錯，您能告訴我做這類題目的速算方法嗎？」

說完，便寫下了一道題目：

$18 \times 11 = ?$

高老師看到了這道題目，就像老鼠看到貓，慌張地說：「這節課的練習題已經出好了，我還有事，先走了。」說完便急匆匆地朝身後的那面牆走。

地上是已經出好的練習題（請見p.112頁）。

高傲傲老師的提醒

謙虛、樂於分享，能夠讓你成長！

　　其實，我小時候跟李小白一樣聰明，特別擅長「9」相關的乘法題。所以我非常驕傲，看不起功課比我差的同學，也不想教他們。有一天我突然發現，之前成績比我差的人，竟然考得比我好。我很想知道進步的訣竅，卻拉不下臉去問。只能看著周遭的人一直成長、進步，而自己卻原地踏步。唉，其實我很後悔，如果我當初能謙虛一點、願意與人分享，也許今天就不會一直這樣長不大了。

練習看看 與9相關的乘法計算

（1）99×15 ＝   （2）99×23 ＝   （3）99×81 ＝

（4）99×93 ＝   （5）99×98 ＝   （6）99×35 ＝

（7）99×25 ＝   （8）99×47 ＝   （9）99×90 ＝

（10）99×69 ＝   （11）99×36 ＝   （12）99×71 ＝

練習題答案

（1）$99 \times 15 = 100 \times (15 - 1) + 99 - (15 - 1)$
$$= 1400 + 85$$
$$= 1485$$

（2）$99 \times 23 = 100 \times (23 - 1) + 99 - (23 - 1)$
$$= 2200 + 77$$
$$= 2277$$

（3）$99 \times 81 = 8019$ （4）$99 \times 93 = 9207$

（5）$99 \times 98 = 9702$ （6）$99 \times 35 = 3465$

（7）$99 \times 25 = 2475$ （8）$99 \times 47 = 4653$

（9）$99 \times 90 = 8910$ （10）$99 \times 69 = 6831$

（11）$99 \times 36 = 3564$ （12）$99 \times 71 = 7029$

9

從地下五層升到地下三層

　　除了被困在牢房裡的人，乘法世界裡的人都精通穿牆術，他們可以來去自如地穿梭兩牆之間。但今天，高老師可糗大了。就在她慌張逃走時，她的穿牆術卻突然失靈，「咚」的一聲撞上了牆壁，額頭上立刻腫了一個大包。她「哎喲」一聲，痛得蹲在地上。

　　英格力「撲哧」一聲笑出聲來，又「撲哧」一聲，高斯也忍不住笑了。

　　高老師先是惡狠狠地瞪了他們一眼，然後慌忙打量眼前的那堵牆，這時才發現，牆上不知什麼時候刻上了兩行字：高傲的人長不高，矮子謙虛成巨人。

　　高老師羞紅了臉，她不想承認自己是個高傲的人，但又不得不承認這個牢房裡不為外人所知的祕密：只要把某個人的缺點寫在牆上，他就會被徹底困在牢房裡，除非別人肯為他擦去缺點。

　　高老師將這個祕密告訴了高斯和英格力，希望他們能夠幫她擦掉牆上的「高傲」兩個字。但高斯和英格力最關心的不是這個，現在他們最關心的是第六層的懶老師。「照妳這麼說，六層的懶老師也可以得救了，只要把困住他的那面牆上的懶字

擦掉就可以了？」高斯急切地發問。

「原則上是這樣的。但他是個特殊情況，以前他浪費了太多寶貴的時間，只有得到乘法國王親自赦免才能重獲自由。」

高斯和英格力突然間變得沮喪，本來還以為很快就能把懶老師救出去了。但照這樣的速度，到底何時才能擺脫這座牢房，見到乘法國王呢！

高老師好像看透了他們的心思，神祕地說：「我可以再告訴你們一個祕密，能幫助你們，不過……」

「什麼祕密？妳如何幫我們？」英格力迫不及待地問。

「祕密就是：當你們順利通過這座牢房後，乘法國王會接見你們，還會滿足你們每人一個願望，到時你們就能救懶老師了。」停頓了一會，她接著說：「如果你們肯幫我，我可以幫助你們連升兩級，從第五層一下跳到第三層。」

「真的嗎？」兩人幾乎異口同聲地問。

「你們可以去乘法王國裡打聽，我高傲傲從來不說假話。」

她的話聽起來的確不像是假話，但她說話時的那種高傲神態卻非常令人不舒服。但現在不是計較的時候了，所以他們答應高老師的交換條件，擦掉牆上的「高傲」兩個字。

高老師也沒有食言，她用手一指，不只房頂上的那扇門打開了，就連樓上房頂上的門也打開了，他們直接從地下五層升到了地下三層。

在這一層裡，兩人又會遇到一位什麼樣的老師呢？他們的心中有些期待，又有些忐忑……

遇到迷糊老師

　　一到第三層，兩個人還沒站穩，便有一股濃重而又刺鼻的酒味迎面撲來。「不會吧，難不成遇到一個酒鬼？」英格力向來是個「烏鴉嘴」，好話從來沒靈驗過，壞話只要從他嘴裡一說出來，便立刻成真。

　　果不其然，房間角落裡便傳來一個聲音：「誰？誰在叫我？」緊接著，一個醉眼朦朧、踉踉蹌蹌的酒鬼老頭從角落裡走了出來。「你們是誰？我們喝一杯？」酒鬼老頭打了個酒嗝，睜開朦朧的眼睛看了他們一眼，舉起手中的空酒瓶。

　　眼前的這位「酒鬼」一定就是他們的老師了。遇到這樣一個不可靠的老師，高斯兩個人你看我，我看你，只能無語。酒鬼見兩個人沒理他，便又回到角落睡覺了。

　　這時他倆才有機會細細打量這個房間。這個房間比之前的兩個房間大多了，而且四面牆都寫滿了密密麻麻的字：粗心、馬虎。

　　「我知道了，這個傢伙肯定是個『迷糊鬼』，解題時常會粗心、馬虎，經常出錯，所以才被困在這裡。」英格力向來是個善於想像的傢伙。

　　「君子所見略同。可是我們現在該怎麼辦？他醉成這個

樣子，怎麼上課呀？」

「別急，讓我來對付這位迷糊老師！」英格力像變魔法似的從口袋裡變出一盒薄荷油，在酒鬼的太陽穴兩旁塗上一點，接著，又塗了一大塊在酒鬼鼻子下。

「只要是人就難以忍受這麼重的薄荷油味，我就不信他不會醒。」接著，他一邊搖晃著酒鬼，一邊對他大喊：「迷糊老師，快起來，幫我們上課。」

「什麼？吃飯？不餓……不餓……不吃……給我拿瓶酒來喝還差不多。」說著，老頭轉了個身，就打起呼來了。

真是個睡不醒的酒鬼，這下子兩個人都沒有辦法了。接下

來該怎麼辦呢？這位迷糊老師什麼時候能清醒呢？難不成就這樣漫無目的等下去？那要等到什麼時候呢……。

「咦？」英格力突然想到了什麼，使勁一拍高斯的肩膀。那沉重、有力的巨大「熊掌」落在高斯身上，高斯先是嚇得跳了起來，接著「哎喲」一聲，倒地「犧牲」了。

「高不愁，別裝了！快起來！還記得嗎？懶老師給了你一個『錦囊妙計』。快拿出來，說不定它可以幫助我們度過這個難關。」

高斯像是忽然醒悟一樣，「骨碌」一下從地上坐起，急忙去翻口袋。打開字條，上面有兩行字：

當前面沒有路時，說明需要你們自己開拓路。
幫助別人也是一條路，幫人也是幫己。

只有博士才能說出這麼深奧的話，接下來該怎麼辦呢？高斯和英格力都在用心琢磨。

「我知道了，懶老師的意思是讓我們幫助這位迷糊老師。」高斯有些開竅了。

「他醉成那樣，我們怎麼幫他呀？」顯然，英格力有些不認同高斯的觀點。

「你看他的房間快亂成豬窩了，反正我們也無事可做，不如替他打掃一下吧。」高斯想了想說。

「高不愁，我們是來學習的，不是來做清潔工的！」英格力的大肚子裡裝滿了牢騷。忽然，他像是想到了什麼似的，笑著問：「你是不是還在做小時候的白日夢，以為打掃就能掃出一本武功祕笈來？」

　　沒想到，高斯沒掃出武功祕笈，卻找到一本《乘法祕笈》和一封信。英格力一把搶過那本《乘法祕笈》，翻開一頁，是空白的，再翻開一頁，也是空白的……他失望地把書扔到地上，「什麼《乘法祕笈》呀！騙人的！」

　　高斯彎腰把書從地上撿起來，一翻開，空白、空白、還是空白……但他並沒有氣餒，一頁頁往後翻。終於，在書的中間靠近最後發現了幾頁文字。那文字正是他夢寐以求的學習內容。

$$18 \times 11 = ?$$

　　當一個數與11相乘時，有神奇的速算方法，看下面圖中的計算過程：

與11相關的乘法速算技巧

　　步驟1：當一個二位數與11相乘時，先將這個二位數的個位數與十位數相加。即 $8+1=9$。

　　步驟2：將得出的結果，放在這個二位數的中間，即為最後結果198。

　　這種速算法是怎樣得來的呢？寫出我們平時列算式的過

程，就能明白：

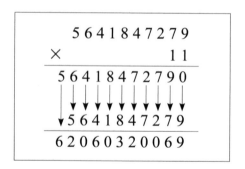

$$
\begin{array}{r}
18 \\
\times\ 11 \\
\hline
18 \\
18 \\
\hline
198
\end{array}
$$

其實，我們還可以總結出這樣的規律：**任何一個二位數、三位數、四位數……與11相乘都可以用這個公式來速算：** $a\times11 = a\times10 + a$。簡單來說就是：錯位相加。現以 5641847279×11 為例說明：

$$
\begin{array}{r}
5641847279 \\
\times\qquad\qquad 11 \\
\hline
56418472790 \\
5641847279\ \ \\
\hline
62060320069
\end{array}
$$

「迷糊老師的這種速算法還真好用，今天又學了一招。」英格力喜孜孜地說。

高斯也有同感，但是他關注的重點並不在這裡，「其實迷糊老師也挺可憐的，每天醉醺醺地待在這個小屋裡……這樣下去他整個人就毀了，我們得想辦法幫他才行。」

英格力的同情心也被喚醒了，兩個人開始齊心協力地思考對策。

 與 11 相關的乘法計算

練習題 1

（1）$12 \times 11 =$ 　　　　　　（2）$15 \times 11 =$

（3）$19 \times 11 =$ 　　　　　　（4）$25 \times 11 =$

（5）$146 \times 11 =$ 　　　　　　（6）$589 \times 11 =$

（7）$369 \times 11 =$ 　　　　　　（8）$458 \times 11 =$

練習題 2

（1）$24598 \times 11 =$ 　　　　　　（2）$12467 \times 11 =$

（3）$99456 \times 11 =$ 　　　　　　（4）$47526 \times 11 =$

（5）$48914 \times 11 =$ 　　　　　　（6）$56842 \times 11 =$

（7）$46218 \times 11 =$ 　　　　　　（8）$69872 \times 11 =$

練習題答案

練習題1

（1）$12 \times 11 = 132$

$$\begin{array}{r} 1\,2 \\ \times\ 1\,1 \\ \hline 2 + 1 = 3 \end{array} \qquad \begin{array}{r} 1\,2 \\ \times\ \ 1\,1 \\ \hline 1\,3\,2 \end{array}$$

（2）$15 \times 11 = 165$

$$\begin{array}{r} 1\,5 \\ \times\ 1\,1 \\ \hline 5 + 1 = 6 \end{array} \qquad \begin{array}{r} 1\,5 \\ \times\ \ 1\,1 \\ \hline 1\,6\,5 \end{array}$$

（3）$19 \times 11 = 209$　　　　（4）$25 \times 11 = 275$

（5）$146 \times 11 = 1606$　　　（6）$589 \times 11 = 6479$

（7）$369 \times 11 = 4059$　　　（8）$458 \times 11 = 5038$

練習題2

（1）$24598 \times 11 = (24598 \times 10) + 24598$

$\qquad\qquad\qquad = 245980 + 24598$

$\qquad\qquad\qquad = 270578$

（2）$12467 \times 11 = (12467 \times 10) + 12467$

$\qquad\qquad\qquad = 124670 + 12467$

$\qquad\qquad\qquad = 137137$

（3）$99456 \times 11 = 1094016$　　（4）$47526 \times 11 = 522786$

（5）$48914 \times 11 = 538054$　　（6）$56842 \times 11 = 625262$

（7）$46218 \times 11 = 508398$　　（8）$69872 \times 11 = 768592$

粗心怎麼害人？

一個迷糊蛋，一個酒鬼值得可憐嗎？

不值得！不僅如此，那些不務正業、終日酗酒鬧事的酒鬼，是會遭到人們的唾棄的。但眼前這個老頭實在是太老了，他的頭髮、眉毛、鬍子都白了，骨瘦如柴，眼睛裡沒有一點光彩……只要多看他一眼就會覺得心酸。

對了，他們不是在這位迷糊老師的房間裡找到了一封信嗎？那封信裡寫的到底是什麼呢？英格力已迫不及待地把信打開了。

善良的人：

　　你好！是你的善良救了這個房間裡的人！也許現在你並不明白是怎麼回事，就先聽我講個故事吧！

　　在很久以前，偉大的乘法王國裡有一個非常聰明的孩子。任何一道乘法題放在他面前，不到 3 秒鐘他就有答案了。不僅如此，他還經常總結出好用的速算規則。所以，人們都稱他是「神童」或「計算高手」。

　　只可惜，這個孩子身上有個致命的缺點——粗心。總

是算錯小數點，或是漏看位數⋯⋯簡直是錯誤百出。可怕的是，他自己一點都不以為意，他說：「平時犯點錯沒關係，只要重要場合不出錯就好。」但最後，「粗心」這個缺點卻害得他鋃鐺入獄了。

有一次，他代表乘法王國去與應用題王國談一筆大生意。結果，就因為他太粗心，點錯一個小數點，為乘法王國帶來了巨大損失。這個重大錯誤，讓他被關到了地牢裡。

在乘法王國裡，每個人都會穿牆術，但只要把人們的缺點寫在牆上，那他便會永遠被困在房裡，除非有人幫他把缺點擦掉。可悲的是，自從那個孩子坐牢之後，不但沒有人幫他擦掉缺點，而且那些因為他不得不過苦日子的人們，還在牢房的牆上一遍一遍地寫下了他的缺點。

就這樣，這個孩子一年度過一年，漸漸的，他對自己失望了，他迷上了喝酒，淪為了一個不折不扣的迷糊酒鬼。

人非聖賢，孰能無過。我想，在牢獄中生活的這些年，他一定深深地意識到自己的缺點，一定非常想改正自己的缺點⋯⋯這麼多年過去了，他也該被原諒了。

所以，現在需要一個善良的好心人，幫他擦掉牆上的那些缺點，他就可以重獲自由。善良的人們，你的善行決定眼前這個人的命運！

乘法國王

乘法國曆 221 年

「太悲慘了！他人生大部分的時間竟然都是從監獄中度過的。」英格力好像比當事人還憤慨，「這也太不公平了吧！」

高斯的心情也是如此深重，他跺了跺腳，使出渾身的力氣大喊：「粗心真是害人精！」

本來在角落裡熟睡的迷糊老師，聽到「粗心」兩字，很快便從地上站起來，警惕地望著四周，「粗心在哪？」

兩個人被他這突如其來舉動嚇了一跳，但很快他們又明白了：迷糊老師已經深刻意識到自己的錯誤了。既然這樣，就趕快幫他把牆上的缺點擦掉吧！但迷糊老師卻制止了他們，非要他們把《乘法祕笈》裡的練習題再做一題。

英格力告訴了他很多次：「我們已經做完了。」但迷糊老師卻一本正經地說：「**預防粗心，再檢查一次最保險。**」當檢查完最後一道題目後，房頂上的門突然打開了，迷糊老師和兩個男孩一起升上了第二層。

糊塗老師的提醒

預防粗心，再檢查一遍最保險！

看過我的故事，大家應該知道，粗心真的害人！題目明明會寫，卻因為一個不小心，點錯了小數點，或是漏看了數字，結果無法得到預期的分數，真的令人非常懊惱！之前我總是安慰自己，「平時算錯沒有關係，重要場合不出錯就好。」誰知，粗心大意的毛病若不馬上改正，就會成為一種習慣，導致後來鑄成大錯。所以，從平常就應該養成細心的習慣，寫完題目後，一定要再檢查一遍！

12

迷糊老師是個了不起的人

順利升上第二層，離乘法大世界愈來愈近了，高斯和英格力的心中都有一絲激動。更重要的是，他們的努力讓迷糊老師很快重獲自由。英格力又請迷糊老師出題考考他們。迷糊老師想了想，轉身在牆上寫出一道題目：

$48 \times 25 = ?$

英格力還沒反應過來是怎麼回事，迷糊老師就說：「立刻給我答案。」「老師，最起碼你也得給我們時間思考或計算吧。」英格力有些不滿地噘著嘴說。迷糊老師又將目光轉向高斯，高斯也無奈地搖頭。

「速算要求的就是速度，如果給你們太多的時間思考或計算，那就是慢算了。」停了停，他接著說，「所以，學速算法最重要的是學技巧。」說完，他又在牆上畫起圖來。

$48 \times 25 = ?$
$48 \times (25 \times 4) = 4800$
$4800 \div 4 = 1200$

與5或5的倍數相關的乘法速算技巧

步驟1：當一個數乘以5，或個位數是5的數字時，可以先把這個個位數是5的數字乘以2，或者4，把它變成10、100再計算。例如，將題目中的25乘以4變成100後，再與48相乘，結果就出來了。

步驟2：再用得出的結果，除以之前所乘的數字，即可得出最後結果。即 $4800 \div 4 = 1200$

（熟記這幾個算式：$5 \times 2 = 10$；$25 \times 4 = 100$；$125 \times 8 = 1000$）

「我小的時候最愛算這種帶5的乘法題，因為它很容易變成10、100、1000。當時這還不是被大家認可的速算技巧。所以，很多算得慢的同學常說我是投機取巧，但我心裡很明白，這不叫投機取巧，這叫善於使用技巧。」

「那後來怎麼樣了呢？」

「後來，我發明的這種方法被寫進了我們國家的速算祕笈，也就是速算教科書，每一個學習速算法的人都得學習這個方法。」

兩個男孩用充滿崇拜的目光，看著眼前的這個老頭，他們都在想像，如果不是因為粗心坐牢，這個聰明的人肯定能有一番大作為。一個看起來並不起眼的壞習慣，就能害人坐一輩子的牢。甚至改寫一個人一輩子的命運。

等高斯和英格力從沉思中走出來，迷糊老師已經走了。在這之前，他已經把練習題出好了。

練習看看 與5相關的乘法計算

練習題 1

（1）$28 \times 5 =$　　　（2）$72 \times 15 =$　　　（3）$37 \times 5 =$

（4）$53 \times 25 =$　　　（5）$18 \times 35 =$　　　（6）$26 \times 45 =$

（7）$55 \times 35 =$　　　（8）$42 \times 15 =$

練習題 2

（1）$58 \times 125 =$　　　（2）$64 \times 125 =$　　　（3）$82 \times 75 =$

（4）$63 \times 15 =$　　　（5）$91 \times 75 =$　　　（6）$34 \times 35 =$

（7）$51 \times 15 =$　　　（8）$46 \times 45 =$

練習題答案

練習題 1

（1）$28 \times 5 = 28 \times （5 \times 2） \div 2 = 280 \div 2 = 140$

（2）$72 \times 15 = 1080$　（3）$37 \times 5 = 185$　（4）$53 \times 25 = 1325$

（5）$18 \times 35 = 630$　（6）$26 \times 45 = 1170$　（7）$55 \times 35 = 1925$

（8）$42 \times 15 = 630$

練習題 2

（1）$58 \times 125 = 58 \times （125 \times 8） \div 8 = 52000 \div 8 = 7250$

（2）$64 \times 125 = 8000$　　　（3）$82 \times 75 = 6150$

（4）$63 \times 15 = 945$　　　（5）$91 \times 75 = 6825$

（6）$34 \times 35 = 1190$　　　（7）$51 \times 15 = 765$

（8）$46 \times 45 = 2070$

兩難的選擇

　　到達最後一層時，兩個人異口同聲地驚叫了起來，因為這個房間裡貼著一條大大的橫幅，上面寫著：通過這一關，乘法國王將會滿足你們一個心願。

　　心願？在進入這個地牢之前，高斯和英格力有著不同的心願。高斯的最大心願是輕輕鬆鬆考個好成績；英格力的則是希望自己有滿屋子的零食，吃也吃不完。但自從遇到了懶老師之後，他們的心願變了，他們要把懶老師從牢房的牆壁裡救出來。所以，這一關，他們一定要好好的學，讓懶老師早點獲得自由。

　　這個房間的老師在哪裡呢？正當他們四處張望時，魔法書先生奇蹟般地出現在他們面前。他們的內心止不住一陣狂喜。「魔法書先生，你是我們的老師嗎？」

　　「是不是你們的老師，要由你們自己決定。」魔法書的表情很嚴肅，不像在開玩笑。高斯和英格力你看看我，我看看你，都不懂是什麼意思。

　　「這是你們要經過的最後一間牢房，同時也是最難過的一關。在這裡，我要向你們說明兩點：首先，這個房間要學的速算技巧，已經超出了小學生的理解水準，這對你們而言是一個

通過這一關，乘法王國會滿足你們一個心願。

大挑戰，所以，你們很有可能學不會。如果是這樣的話，你們將會被打到另一座大牢裡，重新過關。第二，在這個房間裡，你們有一個特權，如果覺得自己達不到要求，可以放棄不學。當然，如果選擇放棄，同時也意味著放棄了實現心願的機會。給你們一段時間思考，思考後大聲喊出答案，我就會出現。」

說完，魔法書先生又神奇地消失了。

怎麼辦？怎麼辦？接受挑戰？如果挑戰不成功，就要被打到另一個牢房重新開始。天呀，重新開始，得過到什麼時候呀！更重要的是，接下來又會經歷怎樣怪異的遭遇，他們真的不敢想像！很有可能在地牢裡再也出不去了！但如果不接受挑戰，懶老師會一直被困在牢房裡，他都那麼老了！更何況，在過關的過程中，他為他們提供了很多幫助……。

是多為自己考慮一些，還是為了懶老師拚一把？這真的太難選擇了，到底該怎麼辦呢！大人們常說，生活很難十全十美，總會有一些小遺憾在不經意間冒出。但是，如何將那些小遺憾降到最小呢？也許這就是生活的藝術吧。

做最壞的打算，盡最大的努力

　　兩個人不斷地商量，最終，高斯和英格力一致決定：接受挑戰，繼續過關。當他們大聲喊出決定後，魔法書先生微笑著問他們：「你們有沒有考慮到最壞的結果。」

　　魔法書先生把目光轉向高斯。高斯就像一個已經全副武裝、即將上戰場的戰士，大義凜然地說：「我們已經做好了最壞的打算，但我們會盡最大努力。」

　　英格力默契的與高斯擊了一下掌，兩人異口同聲地說：「我們準備好了，挑戰開始吧！」魔法書先生轉過頭，在牆上寫下一道題：

$$28 \times 64 = ?$$

　　高斯和英格力想了半天，這兩個乘數沒有一點規律性，個位數既不相同，和也不等於10；十位數也不相同，和也不等於10……。

　　「不用找它的特殊性了，它就是兩個普普通通的二位數相乘，沒有任何特殊性。」魔法書先生早就看穿兩人的心思。

　　「沒有特殊性，那就用直式計算。」英格力最擅長說廢話

了，但這句話好像還有點用。

「所有人都會用直式計算，但今天你們要學的是一種速算法。接下來，挑戰你們悟性的時刻到了！用心分析下面這個圖。」

❶
$$\begin{array}{r} 2\ \ 8 \\ \times\ \ 6\ \ 4 \\ \hline 1\ 2\ \ \ \end{array}$$

❷
$$2\ \ 8 \longrightarrow 8\times6 = \boxed{\begin{array}{c}48\\+\\8\end{array}}$$
$$\times\ \ 6\ \ 4 \longrightarrow 4\times2 = 8$$
$$12\ {}^{56}\longleftarrow$$

❸
$$\begin{array}{r} 2\ \ 8 \\ \times\ \ 6\ \ 4 \end{array}\ \Big|\ 8\times4 = 32$$
$$12\ {}^{56}\ {}^{32}$$

❹
$$\begin{array}{r} 12\ \ \ \\ 56\ \ \\ +\ \ \ \ \ 32 \\ \hline 1\ 7\ 9\ 2 \end{array}$$

沒有規律的二位數乘法技巧 1

步驟1：任意兩個二位數相乘時，先將兩個十位數直排相乘。即$2\times6=12$。

步驟2：將十位數和個位數的數字依對角線交叉相乘。$2\times4=8$，$6\times8=48$，然後將兩個得數相加。即$(2\times4)+(6\times8)=56$。

步驟3：將兩個乘數的個位數相乘。即$8\times4=32$。

步驟4：將超過十位的數值按圖示的方式進位相加，即可得到最後結果1792。

「哎呀，好快。」英格力還沒反應過來，魔法書先生就已經講完了。高斯眉頭緊皺，沉默了一會，小心翼翼地問：「魔

法書先生，可以再講一遍嗎？」

「當然可以了。對於你們來說，這種速算法的確有些難。」沒想到外表嚴厲的魔法書先生還挺善解人意。

第二遍講完後，英格力臉上露出了得意的神情，「說得很可怕，這種類型的題目根本不難，只是有點麻煩罷了。」

高斯也有點小自豪的與英格力擊掌，接著說：「我們都學會了，魔法書先生，給我們出題目吧。」

魔法書先生在牆上寫下一道題目：

$$76 \times 88 = \ ?$$

「如果只是學那點內容你們就覺得沒問題了，那就太小看這一關。既然你們覺得自己都學會了，那就算算這道題目吧。」

算了好一會，沒有寫出任何答案。最後，兩人都停下筆、低著頭，魔法書先生背對著他們，不說話。

忽然，英格力悄悄的用手碰碰高斯，等高斯斜著眼睛看他時，他朝魔法書先生的方向看了看，示意他請求魔法書先生繼續講解。高斯瞪了他一眼又低下頭，不理他了。

英格力只得厚著臉皮說：「魔法書先生，是我們太小看這一關了，請你繼續給我們講解吧。」

魔法書先生轉過頭，正要一本正經地教訓他們，兩個男孩異口同聲地說：「我們錯了，學無止境，我們會繼續用心學。」

魔法書先生無奈地說：「我真服了你們這兩個鬼靈精。剛才我們學的是進位數不超過100的，而有很多情況是進位數已經超過100，這種情況時，就需要改變一下。」

❶ $\begin{array}{r} 7\ \ 6 \\ \times\ 8\ \ 8 \\ \hline 5\ 6 \end{array}$

❷ $7\ \ 6 \rightarrow 8\times6 = \boxed{48} \atop{+} \Rightarrow \boxed{104}$
$\times\ 8\ \ 8 \rightarrow 7\times8 = \boxed{56}$
$\begin{array}{r} 56\ |^{104}\ \end{array}$

❸ $\begin{array}{r} 7\ \ 6 \\ \times\ 8\ \ 8 \\ \hline 5\ 6\ |^{104}\ 48 \end{array}$ $\ 6\times8 = 48$

❹ $\begin{array}{r} 56 \\ 104 \\ +\ \ \ 48 \\ \hline 6688 \end{array}$

沒有規律的二位數乘法技巧 2

步驟1：將兩個乘數的十位數相乘。即 $7\times8 = 56$。

步驟2：將兩乘數的十元數和個位數數字，沿對角線交叉相乘後，再相加。即 $(7\times8) + (6\times8) = 104$。

步驟3：將兩乘數的個位數相乘。即 $6\times8 = 48$。

步驟4：將超過一百的值按圖示的方式進位，相加得到最後結果6688。

　　兩人都聽明白了，魔法書先生清了清嗓子，用比之前還嚴肅的神情問他們：「你們確定都聽明白了？一旦練習題錯了，便意味闖關失敗。你們可以先想好再回答我。」

　　魔法書先生這一提醒，兩個人忽然緊張了起來，並且還有更多的恐懼感⋯⋯「不要緊張，不要害怕，我們會盡最大的努力。」高斯使勁拍了拍英格力的肩膀，安慰他也安慰自己。他們深吸了兩口氣，異口同聲地說：「請出題吧。」

練習看看 普通二位數的乘法計算題

練習題 1

（1）$78 \times 49 =$ （2）$54 \times 36 =$

（3）$14 \times 36 =$ （4）$54 \times 92 =$

（5）$88 \times 64 =$ （6）$83 \times 75 =$

練習題 2

（1）$69 \times 87 =$ （2）$75 \times 59 =$

（3）$82 \times 67 =$ （4）$29 \times 37 =$

（5）$58 \times 83 =$ （6）$66 \times 99 =$

練習題答案

練習題 1

（1）$78 \times 49 = 3822$

❶ $7 \times 4 = 28$

❷ $(8 \times 4) + (7 \times 9) = 32 + 63 = 95$

❸ $8 \times 9 = 72$

❹
$$\begin{array}{r} 28 \\ 95 \\ + 72 \\ \hline 3822 \end{array}$$

（2）$54 \times 36 = 1944$　（3）$14 \times 36 = 504$　（4）$54 \times 92 = 4968$

（5）$88 \times 64 = 5632$　（6）$83 \times 75 = 6225$

練習題 2

（1）$69 \times 87 = 6003$

❶ $6 \times 8 = 48$

❷ $(8 \times 9) + (7 \times 6) = 72 + 42 = 114$

❸ $9 \times 7 = 63$

❹
$$\begin{array}{r} 48 \\ 114 \\ + 63 \\ \hline 6003 \end{array}$$

（2）$75 \times 59 = 4425$　（3）$82 \times 67 = 5494$　（4）$29 \times 37 = 1073$

（5）$58 \times 83 = 4814$　（6）$66 \times 99 = 6534$

乘法王國
闖進一個不速之客

　　所有的練習題他們都做對了，順利過關。兩人做練習題時非常用心，每道題都要認真地讀上兩遍，生怕看錯一個數字；做完後又認真檢查了一遍，確保萬無一失。

　　終於，房頂的那扇門打開了，從上面射下一團金色雲霧，一路把他們送到乘法王國。高大威嚴的乘法國王親自來迎接他們，不但滿足了他們的心願，讓懶老師重獲自由，還發給他們每人一枚小獎牌。

　　就在乘法國王為他們頒發小獎牌時，乘法王國突然闖入一個不速之客。

　　他是一個有點瘦的老頭，頭髮沒有全白，但臉上的表情很滄桑；他看起來其貌不揚，但說起話來卻很有領導風範；他的衣著很樸素，但頭上卻戴著王冠……乘法國王的頭上也戴著王冠，但兩個人站在一起對比卻非常明顯；一個身上珠光寶氣，一個卻是個窮人。

　　英格力對眼前這位不速之客的評價是：他是一個帶著王冠的騙子，或是來自於一個非常貧窮國家的富人。高斯雖然覺得英格力有些言過其實了，但是他對眼前這個人的感覺大概也是如此。

　　他到底是誰？乘法國王為大家揭開了答案。「原來是除法國王大駕光臨，不知道有什麼指教？」乘法國王一邊抱拳，一邊迎接眼前這個老人。

　　「他是除法國王？為什麼看起來那麼窮呢？難道除法國並不富有？」雖然英格力自言自語的音調不大，但還是被除法國王聽到了。

　　除法國王仔細地打量了一下英格力，讓英格力直打哆嗦。他又認真地看了看高斯，接著問乘法國王：「聽到你們國家來了兩個非常厲害的孩子，連闖地牢六大關，莫非那兩個孩子就是眼前這兩個。」乘法國王得意地點頭稱是。

　　除法國王對著他們又是一番打量，一邊點頭。接著，他嘆

了一口氣，「孩子，你說得沒錯，我們除法國現在的確很窮，我們的子民研究出來的速算法非常有限。所以，我是來聘請你們的。」

「啊？聘請我們？」兩個人都不敢置信。

「是的。」除法國王一本正經地點頭，「我們除法國急需像你們這樣踏實、認學、不怕困難的人才。我想請你們幫忙研究除法速算法。」

被誇得發暈的英格力才剛想拍胸脯，高斯一把抓住他的手，「謝謝國王的美意，可是我們只是非常普通的小學生，根本達不到研究的水準。更何況，我們還要回人間去讀書呢。」

除法國王無奈地嘆了口氣，臉上的皺紋好像更明顯了。高斯終於知道他為什麼看起來那麼滄桑了，都是為了除法國的發展煩惱，看來他真的是求賢若渴。突然，高斯的腦中閃過一個絕妙的主意。他大方而又真誠的對除法國王說：「國王，如果您不介意的話，我可以為您推薦兩位非常合適的人選。」

「哦？你說來聽聽。」

「就是我在地牢裡遇到的懶博士和迷糊老師。他們真的非常博學，不過……聘請他們要獲得乘法國王的同意。」

「乘法國王那樣英明神武，又喜歡助人為樂，當然會同意了。」英格力趁機拍馬屁。

除法國王用充滿期待的目光看著乘法國王。乘法國王思考片刻，慷慨地說：「說實話，經過在牢獄中的磨練，現在的他們真的是非常難得的人才。不過，為了貴國的發展，我忍痛割愛。」

這下，除法國王緊皺的眉頭可以鬆開了。

除法國王的答謝禮

　　除法國王為了感謝他們，決定親自把基本的除法速算傳授給他們。由於時間有限，他們的傳授過程本著速戰速決的原則進行。「總體來說，這個除法速算法叫做化繁為簡。例如，一個數除以5，也許一下看不出答案，但如果你讓它先除以10，一眼就能看出答案，最後再用得出的商乘以2就是最後答案了。」除法國王先大概地解釋了一下，接著又畫圖為他們詳細講解。

$$124 \div 5 = ?$$
❶ $124 \div 10 = 12.4$
❷ $12.4 \times 2 = 24.8$

除法速算技巧1

步驟1：當一個數除以5時，可以先用這個數除以10。即 $124 \div 10 = 12.4$。

步驟2：再用得到的商乘以2即為最後得數。即 $12.4 \times 2 = 24.8$。

還有一種情況：當一個數除以4時，也可以利用這種化繁為簡法。例如：

$$108 \div 4 = ?$$
❶ $108 \div 2 = 54$
❷ $54 \div 2 = 27$

除法速算技巧2

步驟1：當一個數除以4時，可以先將這個數除以2。即 $108 \div 2 = 54$。

步驟2：然後再用得到的商除於2，得到的商即為最後答案。即 $54 \div 2 = 27$。

接著，乘法王國出了p.143的兩組練習題，因為所有的練習題高斯跟英格力都做對了，除法國王發給了他們每人一枚小獎牌。每人得到了兩枚小獎牌，這下他們可以心滿意足的滿載而歸了。

練習看看 普通二位數的除法計算題

練習題 1

（1）$303 \div 5 =$ 　　　（2）$329 \div 5 =$ 　　　（3）$78 \div 5 =$

（4）$163 \div 5 =$ 　　　（5）$568 \div 5 =$ 　　　（6）$458 \div 5 =$

（7）$623 \div 5 =$ 　　　（8）$456 \div 5 =$

練習題 2

（1）$284 \div 4 =$ 　　　（2）$196 \div 4 =$ 　　　（3）$154 \div 4 =$

（4）$321 \div 4 =$ 　　　（5）$456 \div 4 =$ 　　　（6）$985 \div 4 =$

（7）$462 \div 4 =$ 　　　（8）$482 \div 4 =$

練習題答案

練習題1

（1）$303 \div 5 = 60.6$

    ❶ $303 \div 10 = 30.3$

    ❷ $30.3 \times 2 = 60.6$

（2）$329 \div 5 = 65.8$ （3）$78 \div 5 = 15.6$

（4）$163 \div 5 = 32.6$ （5）$568 \div 5 = 113.6$

（6）$458 \div 5 = 91.6$ （7）$623 \div 5 = 124.6$

（8）$456 \div 5 = 91.2$

練習題2

（1）$284 \div 4 = 71$

    ❶ $284 \div 2 = 142$

    ❷ $142 \div 2 = 71$

（2）$196 \div 4 = 49$ （3）$154 \div 4 = 38.5$

（4）$321 \div 4 = 80.25$ （5）$456 \div 4 = 114$

（6）$985 \div 4 = 246.25$ （7）$462 \div 4 = 115.5$

（8）$482 \div 4 = 120.5$

應用題王國大考驗

高斯偷偷打量，眼前的女王很漂亮，穿上那身複雜的禮服，顯得威嚴而又雍容華貴。咦？女王的旁邊還有三名侍女，每人舉著一塊用紅布罩著的牌子……

神祕關主

[歷險指數] ★★★★★
[關鍵提示] 雞和兔子、車和船、樹
[關前警語] 注意看題，別被陷阱騙了！
[挑戰利器] 冷靜思考、細心、遵守規定
[闖關建議] 團結力量大，各個環節都不能放鬆！

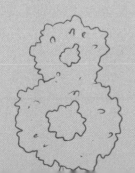

高手過招

　　回家的路上，高斯不停地在魔法書先生耳邊嘟囔：「我們在乘法王國裡待了好幾天，這幾天爸爸媽媽找不到我們，一定急瘋了。」

　　魔法書先生只是笑而不答。一眨眼的工夫，就到家了。令他們不解的是，家裡沒有緊張、沒有慌亂，一切都那麼正常和平靜。家裡靜悄悄的，爸媽並不在家，窗外一片漆黑，書房裡的燈亮著……高斯趕緊去翻桌上的日曆，還是他們離開時的那天，桌上冒著熱氣的一杯熱水，這不是高斯臨走時倒的那杯水嗎……天呀，這到底是怎麼回事！

　　高斯和英格力同時看向魔法書先生。他只是平靜地說：「別大驚小怪，我只是在出發之前，做了一個小小的手腳，把魔法世界裡的時間調快了一點。也就是說，你們在魔法世界裡待1天，人間的時間才走了1分鐘。」

　　「原來，我們在魔法世界裡度過了10天，學習了那麼多速算法，人間的時間其實才過了10分鐘？」高斯感到驚奇，更不敢相信……。魔法書先生微笑著點頭。

　　「耶！太神奇了，我愛死魔法世界了！」高斯高興地跳了起來。

咦？英格力呢？不用猜，那傢伙肯定去廚房找吃的了。高斯才懶得管他呢，接下來他要認真思考明天的計畫，明天他要跟李小白一決高下。

第二天剛一踏進教室，「小喇叭」柳月月就大聲宣布：「高斯來了、高斯來了，大家安靜，精采的節目馬上就要開始了！」在高斯走向座位時，她還像個小記者似的採訪：「請問高斯同學，你現在的心情緊張嗎？有棄權的打算嗎？有沒有想過，如果你輸得很慘，同學們會怎麼評價你……」

高斯沒有生氣，只是淡淡一笑，很平靜地說：「我想，今天輸得很慘的那個人，一定不會是我。」

此時，李小白已經做好了十足準備，昂著高傲的頭，一手扠腰、一手拿著厚厚的白紙……出了一堆難題給高斯計算。

147

兩個人怒目而視、分立兩邊，支持者們各自站在他們的身後。但是，兩邊的力量對比實在太懸殊了，全班同學幾乎都站在了李小白那邊，而高斯後面就只有英格力。

　　英格力躡手躡腳地湊近看李小白手上的那疊白紙，「哇！妳也太狠毒了，抄了各種各樣的乘法計算題，妳今天是非要置高斯於死地呀。」

　　李小白身後幾個女生嘰嘰喳喳地喊：「高斯，你就認輸吧。」

　　高斯深吸了一口氣，淡定地說：「李小白，儘管放馬過來吧，題目愈難愈好。」

　　「高斯，先別說大話，你可聽好了！」李小白翻了翻手中的白紙，正在找有難度的題目，「99乘以67等於多少？」

　　「6633。」李小白的題目剛出完，高斯立刻說出答案。

　　「天呀，這也太快了吧。」李小白的陣營中一陣議論，簡直不敢相信自己的耳朵。

　　「74乘以76等於多少？」

　　「5624。」

　　「68乘以48等於多少？」

　　「3264。」

　　「28乘以32等於多少？」

　　「896。」

　　李小白的陣營大亂，幾名按捺不住的男生悄悄地溜到高斯後方。

　　「大家都安靜一下。」李小白大喊，看她表情平靜的樣子，看來還有絕招。跑來跑去的同學們停下了腳步，高斯的心正砰砰地跳著，大家都在等待她的絕招。

「甲乙兩班共有學生98人，甲班比乙班多6人，求兩班各有多少人？」讀完這道題目，李小白折起手中的白紙，得意地望著高斯，表情好像在說：「高斯，這下你死定了。」

天呀，應用題，平時高斯遇到應用題都是直接放棄。李小白也太狠了，竟然拿應用題為難他。身後的同學又朝著李小白的陣營流動，怎麼辦？同學們剛剛對他建立起的一點好感，全被李小白給毀了。高斯急得全身冒汗，看來是他低估李小白這個對手了。

就在這關鍵時刻，一個雄厚的聲音冒出來：「這不公平！」大家都把目光集中在英格力的臉上，只見他指著李小白，義憤填膺地說：「明明說好了考乘法，現在忽然冒出一道應用題，李小白她犯規了。」

同學們議論紛紛，大家都覺得英格力說得有理，自覺地站到了高斯這個「受害者」的陣營。

「英格力，你以後別想再抄我的作業了。」李小白氣得大喊。

「放心吧，我以後不再抄作業了！我想好了，跟著『速算大王』混，絕對沒錯。」說著，英格力還故意朝高斯身邊靠了靠。

「速算大王、速算大王……」同學們都圍著高斯歡呼，此時的李小白變成孤軍奮戰了。

向李小白「宣戰」

　　自從與李小白過招之後，高斯的事蹟就被一傳十、十傳百……有很多低年級的同學還慕名來拜高斯為師。正因如此，樂事多小學掀起了一股學習數學的狂潮。

　　然而，好景不長，不到一個月的時間，高斯在同學們心目中的形象，又一落千丈了。原來，在接下來的一次考試中，高斯的數學成績竟然還是不及格。他不是速算大王嗎？為什麼數學成績不及格？

　　原因就在於數學考試不會只考計算題，就算高斯是「速算大王」也沒有用，他對應用題一竅不通。所以，他的數學要是及格了，才不正常。最讓他生氣的是，李小白竟然當眾侮辱他的智商和能力，故意當著全班同學的面說：「笨蛋就是笨蛋，不可能一下子就變天才。」

　　英格力一直在高斯耳邊說：「李小白不是在向你一個人挑釁，她是在挑戰我們所有的男生！第一名的寶座長期以來被李小白霸占，這還不算，班上的前十名都是女生，我們堂堂男子漢怎麼能被這些女生踩在腳下呢！」

　　高斯聽得熱血沸騰，覺得自己必須爭口氣，絕不能讓她一個小女生把男生踩在腳下！於是，當李小白又嘲笑高斯時，

高斯當著全班同學面前宣布：「我，高斯今日要正式向李小白同學宣戰！兩週後的數學測驗，我一定要超過她！」

英格力帶頭為高斯鼓掌，回應的人不多，但吹口哨、喝倒彩、看熱鬧的人卻不少，其他同學都覺得高斯是不自量力，就憑他的成績，敢向李小白宣戰，簡直就是拿雞蛋碰石頭。

高斯沒有灰心，他接著宣布：「下次數學測驗，我不但有信心超過李小白，我還敢保證，我的好朋友英格力也能進入全班前十名。」

英格力愣在那裡，幾秒鐘後，他把高斯拽到一個角落裡，小聲地說：「你別害我，就憑我那數學成績……」

「別忘了，我們有魔法書呢。」高斯看看四周，湊到英格力的耳邊小聲地說。英格力的表情終於又恢復了之前的平靜。

李小白已經等得不耐煩了，她昂著頭、盛氣凌人地說：「高斯，你要是真的有誠意向我宣戰，就白紙黑字寫下來。」

「寫就寫，妳以為我怕妳。」

高斯從作業本上撕下一張白紙，寫下挑戰書：

挑戰書

　我高斯承諾，下次數學考試一定要超過李小白，考第一名。我還敢保證，下次考試，英格力的數學成績也能進入前十名。如果我沒有實現承諾，我自願轉學，不再踏入樂事多小學半步。

立書人：高斯

高斯想讓英格力也簽上名，但英格力嚇得直後退，「用得著這麼狠嗎？要是我們輸了，難不成真要轉學？」

「我們是絕不會輸的！」高斯一邊說，一邊強迫著「請」英格力簽下了名。

英格力長嘆一聲：「唉！看樣子我是上了賊船了！」

奇怪的是，一旁的李小白沒有趁火打劫嘲笑他們，反而有些討好他們似的說：「如果你們表現得好，沒準我還會放過你們一馬呢！」

「哼！」高斯冷哼一聲，接著說：「我們才不用妳可憐呢！再說了，我們絕對不會輸，所以根本用不著妳可憐！」

三人行，我做隊長

　　放學後，高斯和英格力慢吞吞地邊走邊商量請魔法書先生幫忙，忽然，李小白神不知、鬼不覺地出現在了他們面前。兩個人打算繞過她回家，沒想到李小白卻擋在路中央，就是不讓他們走。

　　「妳這個女生怎麼這樣？一個女生就這樣擋著男生的路，也不怕別人笑話。」英格力裝作一個駝背的老人，一邊咳嗽著，一邊「教訓」李小白。

　　李小白先是被英格力滑稽的樣子逗笑了，接著一本正經地說：「從今天起，本小姐負責監督你們學數學，免得你們完成不了挑戰書中的目標被逐出校門。」

　　「小姐，有沒有搞錯呀，妳總不能去我家監督我們吧。」高斯有些不耐煩地說。

　　「你還真猜對了，我就是要去你家監督你們！」李小白得意地說。

　　「可是……可是，你一個女生……」英格力剛想解釋什麼，高斯拉起他的手就跑，邊跑邊回頭喊：「李小白同學，我們惹不起妳，但我們躲就是了。」

　　生怕李小白追上來，高斯特意走了一條平時很少走的路。

到家門口時，高斯和英格力還在熱烈地討論順利擺脫李小白了，但在推開家門的那一瞬間，他們一下子又被嚇呆了。沒想到李小白正坐在高斯家的客廳裡，高斯的媽媽又是拿水果，又是拿零食，熱情地招待她。

看到高斯進門，媽媽故意板著臉教訓他：「斯斯，你太不像話了，人家李小白同學好心來幫你學數學，你們怎麼沒有一起回來呢？」停了停，她又說：「小白說了，她會經常來幫你們學數學，以後放學你們就一起回來吧！」

「啊？」高斯聽了差點暈過去，而李小白卻一邊啃著蘋果，一邊得逞地衝著他笑。

飯後，為了讓幾個孩子認真學習，高斯的爸媽找藉口下樓了。雖然時間很緊迫，但高斯遲遲沒有拿出魔法書，他不想讓李小白知道魔法書的祕密。

但李小白好像早就發現了什麼似的，「一個人的速算能力怎麼可能一下子提升那麼多，高斯，你肯定有祕密。坦白從寬，抗拒從嚴。」

高斯對魔法書的祕密守口如瓶，英格力也寧死不招。

「那好吧，既然你們不肯合作，那就別怪我不客氣了！」故意沉默了一會兒，李小白繼續說：「我要告訴高爸爸、高媽媽，高斯同學正在用『巫術』學數學。」

此時高斯拿不定主意了，如果讓爸爸知道這件事，那他就慘了，魔法書肯定會被沒收，到時候他肯定贏不了李小白。但是，如果李小白也學會了數學大世界裡的「絕招」，他還是贏不過她……該怎麼辦呢？

「看來你們是不打算坦白了，那我只好去向高爸爸、高媽媽告狀了。」

　　唉，女孩子真的是太討厭了，動不動就向大人告狀。英格力看出了高斯的心思，他瞇著眼睛告訴高斯：「照現在的情況來看，不能不坦白了。我們可以帶她去，半路上再想辦法把她甩掉。」

　　高斯認同地朝他眨眨眼睛，接著轉過頭對李小白說：「我可以坦白，但妳也要答應我一個條件，我帶妳去一個神奇的數學魔法世界，但在那裡，妳得聽我的。」

　　一聽到魔法世界，李小白驚訝得嘴巴都合不攏了，她連忙點頭答應。

　　嘿嘿，李小白中計了。還等什麼？趕快出發吧！

　　「慢著！」英格力大喝一聲，「我有一個提議，我們推舉高斯做隊長，跟著隊長走，凡事聽隊長的，我們才不會脫隊。」他特意把「脫隊」兩個字，說得很大聲。

　　李小白沒去過數學魔法世界，她只能點頭稱是。就這樣，高斯請出了數學魔法書先生。

團結力量戰勝一切

　　魔法書先生很喜歡眼前這個乖巧、可愛的小女孩。他很樂意帶他們三個人一起去應用題王國冒險。但在出發之前，魔法書先生卻意味深長地對大家說：「應用題王國是一個與眾不同的地方，我只能把你們送到門口，想敲開它的門得靠你們自己的力量。而且要記得：團結的力量，能戰勝一切。」

　　魔法書先生把他們送到應用題王國的門口便消失了。外觀看起來是一座高入雲端的城堡，高大雄偉、莊嚴氣派，但為什麼大門緊閉，怎麼敲也敲不開呢？高斯心裡覺得：這是一個富裕但不好客的高傲王國。三個人使盡渾身解數，也無法把門敲開。最後，他們失落地癱坐在地上。

　　就在這時，他們的眼前出現了一個凶神惡煞的老太婆，她一出現就對著三個人大喊：「這塊地盤是我的，你們把我的地盤弄髒了，你們其中一個人必須要去給我做苦工。誰去，趕快站出來！不然，我把你們三個都抓走。」

　　沒有人主動站出來，不僅如此，他們還拚命地推薦彼此。

　　三個人爭執不下，最後都被老太婆關了起來。這裡的牢房比乘法王國的牢房還差，不但空間小，還又黑、又潮溼，陰森森的……李小白嚇得哭了起來，她邊哭邊抱怨兩個男生欺負自

己，而高斯他們也不甘示弱，三人又吵了起來。

「再吵，你們就再也別想出去了。」黑暗中的某個方向，又傳來了老太婆的聲音。

三人頓時安靜下來。就這樣沉默好一會兒，李小白小心地湊到高斯和英格力跟前，小聲地說：「還記得出發之前魔法書先生送給我們的話嗎？」

「團結的力量，能戰勝一切！」說完，英格力好像領悟到了什麼。此時，高斯恍然大悟，他小聲地對兩位難友說：「我們不要再吵架了，只有團結起來，我們才能離開這裡。」

於是，三個人又吵了起來，但這次不是為了推脫，是為了承擔。牢房裡的燈突然亮了，老太婆出現在門口。她不停地打量著眼前的三個孩子，忽然，她的目光落在李小白身上，剛想說什麼，高斯竄了出來，「老婆婆，你要選她最不合適了，她手無縛雞之力，還動不動就哭，不適合去做苦工的。」

老太婆又開始打量高斯，這時，英格力又竄了出來，「他瘦得跟小雞似的，能做什麼事呀，還是選我吧。」

老太婆打量了英格力一會，還沒等別人說話，她搶先說：「選你的話，沒做多少事，倒把我吃窮了，更不合適。」

高斯和李小白都笑出聲來了。最後，老太婆無奈地說：「選來選去，你們三個都不是做苦工的料，這樣吧，我出一道題目，你們要是能答出來，我就放你們走。」

說完，老太婆在牆上寫下了這道題：

---

5 輛汽車 4 次可以運送 100 噸鋼材，如果用同樣的 7 輛汽車運送 105 噸鋼材，需要運幾次？

李小白拉過兩位「難友」，對他們說了一句話，之後三個人開始解題。1分鐘不到，他們便有答案了，並且準確無誤。

於是，老太婆實現她的承諾。但在送他們走之前，她問李小白：「剛才妳對他們說了什麼，為什麼這麼快就把題目做出來了？」

李小白還沒開口，英格力自豪地搶著說：「小白對我們說：『高斯負責計算，英格力負責檢查，我負責列算式！』團結力量大，所以我們才以最快的速度算出那道題目。」

說也奇怪，聽英格力說完，剛才還凶巴巴的老婆婆忽然變得和藹起來，她輕聲細語地對他們說：「我是團結婆婆，現在你們已經了解團結的真諦，所以我要獎勵你們。有什麼需要我幫忙的，你們儘管說。」

「送我們去應用題王國。」高斯和李小白異口同聲地說。

英格力卻低著頭，忸忸怩怩地說：「我想請團結婆婆講一講剛才那道應用題。」

「我最喜歡這種愛發問的孩子了。」團結婆婆看著英格力微笑著點頭，接著講解了那道題目，「剛才那類應用題叫做『歸一問題』，其實它的解法很簡單，只要求出單一的量，接下來的問題便很好解決了。以剛才的那道題目為例，以下步驟可以告訴你們具體的解題過程。」

---

❶ 1輛車一次可以運多少噸鋼材→$100 \div 5 \div 4 = 5$（噸）

❷ 7輛車一次可以運多少噸鋼材→$5 \times 7 = 35$（噸）

❸ 7車輛運105噸鋼材需要多少次→$105 \div 35 = 3$（次）

❹ 寫成綜合算式→$105 \div (100 \div 5 \div 4 \times 7) = 3$（次）

「原來應用題這麼簡單呀，我以後不怕做應用題了！」

「還有一種類型的應用題很相似，你們做一做這道題目。」說著，團結婆婆在牆上寫下了這道題：

　　李小白每天讀 24 頁書，12 天讀完了一本漫畫書。高斯每天讀 36 頁書，幾天可以讀完這本漫畫書？

李小白是第一個算出來的，但她有些不滿地噘著嘴說：「為什麼我每天讀書的頁數比高斯少呢？」

眾人聽了哈哈大笑，團結婆婆笑著對她說：「為了讓妳心理平衡一點，這道題目就由妳來講吧！」李小白學著團結婆婆的樣子，一邊寫下步驟一邊講解：

---

❶ 由我讀書的情況，可以算出那本漫畫書的總頁數 →$24 \times 12 = 288$（頁）

❷ 知道漫畫書的總頁數，又知道高斯每天讀多少頁書，就可以求出高斯多少天可以讀完這本書 →$288 \div 36 = 8$（天）

「原來應用題一點都不難。」高斯和英格力興奮地擊掌，看來他們對應用題王國的探險充滿了信心。團結婆婆笑而不語地看著他們，接著又在牆上出了 p.162 的幾道練習題。

練習看看 歸一問題應用題

練習題 1

買 5 枝鉛筆要 1.5 元，買同樣的鉛筆 16 枝，需要多少錢？

練習題 2

3 台拖拉機 3 天耕地 90 公頃，照這樣計算，5 台拖拉機 6 天耕地多少公頃？

練習題 3

服裝廠原來做一套衣服用布 3.2 公尺，改進裁剪方法後，每套衣服用布 2.8 公尺。原來做 791 套衣服的布，現在可以做多少套？

練習題 4

超市買來一批蔬菜，原計畫每天吃 50 公斤，30 天慢慢消費完這批蔬菜。後來根據大家的意見，每天比原計畫多吃 10 公斤，這批蔬菜可以吃多少天？

練習題答案

練習題1

解：$1.5 \div 5 \times 16 = 4.8$（元）

答：買同樣的鉛筆16枝需要4.8元。

練習題2

解：$90 \div 3 \div 3 \times 5 \times 6 = 300$（公頃）

答：5台拖拉機6天耕地300公頃。

練習題3

解：$791 \times 3.2 \div 2.8 = 904$（套）

答：現在可以做904套。

練習題4

解：$50 \times 30 \div (50 + 10) = 25$（天）

答：這批蔬菜可以吃25天。

在應用題王國
遇到熟人了

　　做完那些練習題，他們才發現自己已經被送到應用題王國。那是一個富裕而繁忙的世界，有很多人在賣東西，也有好多人在討價還價，還有許多輛車在追來追去。在集市的一旁，一個漂亮的女老師正在帶領一群小學生植樹……。

　　三個人都覺得這裡有點怪怪的，但到底怪在哪裡，也說不清楚。英格力沒時間思考這麼深奧的問題，他的注意力早被集市上各式各樣的食物和新鮮玩意吸引了。那裡有家包子店，剛出籠的包子白白胖胖、冒著熱氣，英格力的口水都要流出來了。他不由自主地往包子店走去，但剛走到門口，他卻忽然停住了腳步，接著慌慌張張地呼喊高斯：「高斯，你看那是誰？」

　　「高傲傲老師。」高斯忍不住喊了出來，「她不是在乘法王國嗎？怎麼來應用題王國賣包子了？」一旁的李小白早嚇呆了，這個世界上怎麼會有人長得跟她那麼像。

　　「在這裡相遇，也算是熟人了，英格力，你不去向她要幾個包子吃嗎？」高斯知道，英格力聞到包子的香味就不想走了。

　　英格力臉上堆起了討好的笑容，急忙走進了包子店。「高

老師，還記得我嗎？我是英格力，我們在乘法王國……」

「你有什麼事嗎？」高老師看起來一點都不熱情。

英格力的眼睛直盯著冒著熱氣的包子，高老師仍然低著頭忙，不理他。他只好厚著臉皮問：「這包子真香，我……我……」高老師抬頭看了看他，就是不說話。英格力只得問：「這包子……怎麼賣？」

高老師仍然沒說話，但她指了指包子旁邊豎著的一塊牌子。英格力的目光這才從包子轉移到牌子上，只見牌子上寫著六個大字：肉包子，免費吃。

天呀，免費吃！天底下竟然有這等好事，英格力急忙把高斯他們叫進來，正準備放開肚皮大吃一頓時，高老師卻制止

165

了他們。「我這裡的包子可以免費吃，但你們必須做對我出的題目。」高傲傲老師的語氣不容置疑，絲毫沒有商量的餘地。

「那妳就出題吧！」兩個孩子異口同聲地說。

高傲傲老師用手一指，她眼前的桌子變成了一塊黑板，黑板上有一道題目：

有兩籠包子，這兩籠包子一共是 98 個，已知第一籠比第二籠多 6 個包子，求這兩籠包子各是多少個。

李小白叫了起來，對高斯說：「我曾用類似的題目為難過你，但……但我忘了這類題目應該怎麼做了。」連李小白都不會做，高斯和英格力更不用指望了。

三個人看看彼此，再看看那誘人的包子，雖然口水直流，但也不得不低頭。高傲傲老師早看穿了他們的心思，神情高傲地說：「不會解題沒有關係，只要你們答應在我這包子店裡，做一天服務生，我就讓你們吃包子。」

英格力興奮地直喊：「太好了，太好了。」

李小白先是瞪了他一眼，接著生氣地喊道：「我們是來學數學的，不是來做服務生，她的包子我們不吃了。」說完還狠狠地瞪了高傲傲老師一眼。

高傲傲老師也不示弱，陰陽怪氣地說道：「妳不想吃，我還不想給妳吃，更別想在我這裡學到一點知識。」

兩個高傲的人碰到一起，一場「戰爭」一觸即發。

6
和差問題與和倍問題

　　看到這種情況，高斯趕緊出來打圓場，他先是對李小白使了個眼色，接著滿臉笑容地對高傲傲老師說：「高老師，我們不是這個意思。我們也想幫忙，但我們的時間有限，如果我們幫妳半天忙，妳可以教我們一些應用題的解法嗎？」

　　「看你求知心切，我就不跟你們計較這麼多了。反正賣包子只是一個幌子，傳授知識才是我的真正目的。接下來，我會給你們講解四類應用題的解法。第一類，也就是剛才出的那類題目，它叫做『和差問題』，即知道兩個數的『和』與『差』，求這兩個數分別是多少。」

　　「黑板」上立刻出現了兩個大大的公式：

> 和差問題公式：
> 大數＝（和＋差）÷ 2
> 小數＝（和－差）÷ 2

　　「這兩個公式是怎麼得來的，你們可以看下面這個圖。」

步驟1：大圓代表第一籠包子，小圓代表第二籠包子，兩籠包子一共是98個，也就是陰影部分加空白部分一共是98個包子。

步驟2：已知第一籠比第二籠多6個包子，所以空白部分便代表「6個包子」。

步驟3：所以，98＋6即為兩個陰影部分加兩個空白部分代表的數目，即兩個第一籠包子的個數；98－6即為兩個陰影部分代表的數目，即為兩個第二籠包子的數目。

所以，第一籠包子的個數＝（98＋6）÷2

第二籠包子的個數＝（98－6）÷2

「沒想到看起來那麼複雜的問題，畫圖分析後就變得這麼簡單了。」李小白感嘆道。高斯接著轉過頭問：「高老師，還有更複雜一點的題目嗎？」「我這裡有的是，看這道題目。」黑板上又出現另一道題：

> 已知一大籠包子和一小籠包子共96個，又知大籠包子是小籠包子的3倍，求大籠和小籠包子各有多少個。

這道題目又該怎麼做呢？

他們又困擾了一下，幾分鐘後，黑板上又出現一組公式：

和倍問題公式：

總和 ÷（幾倍＋1）＝較小的數

總和 － 較小的數 ＝ 較大的數

「這兩個公式是怎麼得來的，你們可以看下圖。」

大籠包子

小籠包子

和倍問題解題技巧

步驟1：大圓代表大籠的包子，小圓代表小籠的包子。已
　　　　知一大籠包子加一小籠包子一共是96個。

步驟2：又知大籠包子的個數是小籠包子的3倍。

步驟3：由此可以得出，3小籠包子的數目＋1小籠包子
　　　　的數目＝96。

步驟4：所以，小籠包子的數目＝96÷（3＋1）＝24
　　　　（個）。

大籠包子的數目＝96 － 24 ＝72（個）。

差倍問題和差比問題

　　高斯三人吃飽了，接下來該去別的地方轉轉了吧。高傲傲老師不讓他們走，她說，她的教學任務還沒有完成。說完，她又為他們出了一道題目：

> 　　已知大籠包子的個數是小籠包子的 3 倍；大籠包子比小籠包子多了 40 個，求大籠包子和小籠包子各有多少個。

　　「怎麼又是包子！」英格力皺著眉頭，剛才他包子吃得太多了，現在聽到「包子」兩個字都有點想吐了。

　　高傲傲老師突然想到了什麼，說：「如果你們不喜歡包子，那麼把它想像成餃子也行，當然，豬腳也可以。」大家都被她逗笑了。但沒過一會兒，大家都眉頭深鎖，因為這道題目他們都不會做。高傲傲老師皺了皺眉，寫下了這個公式：

> 差倍問題公式：
> 較小的數＝兩個數的差÷（幾倍－1）
> 較大的數＝較小的數 × 幾倍

　　「根據這個公式，我們很容易就能解出這道題目。就怕公式記不牢或是記錯，老師能不能講解這個公式的推導過程呢？」李小白認真地說。

　　「這個問題提問得好，接下來我會慢慢為你們分析。」天呀，高傲傲老師竟然誇獎李小白了。

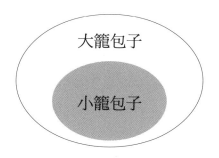

大籠包子

小籠包子

差倍問題解題技巧

　　步驟1：大圓代表大籠包子的個數，小圓代表小籠包子的個數。

　　步驟2：已知大籠包子的個數是小籠包子的3倍；大籠包子比小籠包子多40個，也就是說，圖中空白部分包子的個數是小籠包子個數的2倍，是40個。

　　步驟3：由此算出小籠包子的個數。即：$40 \div (3 - 1) = 20$（個）。

　　步驟4：大籠包子的個數便是 $20 \times 3 = 60$（個）。

　　「這下就算忘了公式也不怕了，因為我們記住了推導過程，大不了自己推導公式。」英格力自豪地說。

　　高傲傲老師說：「要想考高分，你們還得掌握下面這種類型的應用題。」

> 假設我用 10 斤麵粉做了 50 個包子，現在我有 3700 斤麵粉，可以做多少個包子？

看完題目李小白立刻喊說：「這道題目我會。」接著，她學著高老師的樣子給大家分析：

差比問題解題技巧 1

步驟1：先求1斤麵粉可以做多少個包子。即 $50 \div 10 = 5$（個）。

步驟2：再求 3700 斤麵粉可以做多少個包子。即 $5 \times 3700 = 18500$（個）。

高傲傲老師微笑著點頭，「這是一種方法，還有一種方法也很簡便。」

差比問題解題技巧 2

步驟1：先求 3700 斤麵粉是 10 斤麵粉的多少倍。

即 $3700 \div 10 = 370$（倍）。

步驟2：3700 斤麵粉是 10 斤麵粉的 370 倍，那做出來的包子也一定是之前包子的 370 倍。所以用之前包子的個數乘以 370，便是 3700 斤麵粉所能做出來的包子的個數。即 $50 \times 370 = 18500$（個）。

「這種作法果然很簡便，今天又多學了一招。」李小白總是以學習為樂。

這次，英格力當仁不讓，他得意地說：「我覺得你們講的兩種方法都很好用，今天我學了兩手。」

高斯不知道自己是該高興還是不高興，他正在思考白天立下的「挑戰書」。

看到高斯有些魂不守舍的樣子，高傲傲老師已經猜透他想要超越李小白的心思。特地把他叫到一邊，鄭重其事地對他說：「只有比對方更認真、更仔細、更用心，你才有勝出的可能。」

高斯剛想道謝，高傲傲老師連同身後的包子店，早已消失得無影無蹤了。

他們朝著包子店的方向看了很久，除了從天上落下一張紙外，什麼都沒發生。那張紙上是高傲傲老師為他們出的練習題（請見p.174-175）。

練習看看 和差、和倍、差倍、差比應用題

和差問題練習題

（1）一張桌子的長和寬之和為18公分，長比寬多2公分，求長和寬分別是多少。

（2）有甲乙丙三袋麵粉，甲乙兩袋共重32000克，乙丙兩袋共重30000克，甲丙兩袋共重22000克，求三袋麵粉各重多少克。

和倍問題練習題

（1）東西兩個水庫共存水480噸，東庫存水數是西庫存水數的1.4倍，求兩庫各存水多少噸？

（2）甲乙丙三數之和是170，乙比甲的2倍少4，丙比甲的3倍多6，求三數各是多少？

差倍問題練習題

（1）媽媽比兒子大27歲，今年，媽媽的年齡是兒子年齡的4
倍，求母子二人今年各幾歲？

（2）公司裡本月盈利比上月盈利的2倍還多12萬元，又知本
月盈利比上月盈利多30萬元，求這兩個月盈利各是多少
萬元？

差比問題練習題

（1）某小學300名師生共植樹400棵，照這樣計算，全縣
48000名師生共植樹多少棵？

（2）今年蘋果大豐收，田家莊一戶人家4畝果園收入1111元，
照這樣計算，全村800畝果園共收入多少元？全縣16000
畝果園共收入多少元？

練習題答案

和差問題練習題

（1）解：$(18 + 2) \div 2 = 10$（公分）

$\qquad (18 - 2) \div 2 = 8$（公分）

答：長和寬分別是10公分、8公分。

（2）解：甲的重量：$(32 + 30 + 22) \div 2 - 30 = 12$（公斤）

$\qquad$ 乙的重量：$32 - 12 = 20$（公斤）

$\qquad$ 丙的重量：$30 - 20 = 10$（公斤）

答：甲乙丙三袋麵粉的重量分別是12公斤、20公斤、10公斤。

和倍問題練習題

（1）解：西庫存水數：$480 \div (1.4 + 1) = 200$（噸）

$\qquad$ 東庫存水數：$480 - 200 = 280$（噸）

答：東庫存和西庫存水分別為280、200噸。

（2）解：乙丙兩數都與甲數有直接關係，因此把甲數作為1倍量。

$\qquad$ 因為乙比甲的2倍少4，給乙加上4，乙數就變甲數的2倍；又因為丙比甲的3倍多6，丙數減去6就變為甲數的3倍；

$\qquad$ 這時$(170 + 4 - 6)$就相當於$(1 + 2 + 3)$倍。所以：

$\qquad$ 甲數 $= (170 + 4 - 6) \div (1 + 2 + 3) = 28$

$\qquad$ 乙數 $= 28 \times 2 - 4 = 52$

丙數＝28×3＋6＝90

答：甲數是28，乙數是52，丙數是90。

差倍問題練習題

（1）解：兒子年齡＝27÷（4－1）＝9（歲）

媽媽年齡＝9×4＝36（歲）

答：母子二人今年的年齡分別是36歲和9歲。

（2）解：如果把上月盈利作為1倍量，則（30－12）萬元就相當 於上月盈利的（2－1）倍，

因此，上月盈利＝（30－12）÷（2－1）＝18（萬元）

本月盈利＝18＋30＝48（萬元）

答：上月盈利是18萬元，本月盈利是48萬元。

差比問題練習題

（1）解：400×（48000÷300）＝64000（棵）

答：全縣48000名師生共植樹64000棵。

（2）解：1111×（800÷4）＝222200（元）

16000÷4×1111＝4444000（元）

答：全鄉800畝果園共收入222200元，全縣16000畝果園共收入4444000元。

為什麼雞兔一定要同籠？

　　三個人又開始在應用題王國的大街上遊蕩。走著走著，他們突然發現前面有一隻小兔子，正坐在路邊抱著一根胡蘿蔔悠閒地啃著。只見它渾身雪白，沒有一根雜毛，紅紅的眼睛、小巧的鼻子和嘴巴，顯得秀氣可愛。

　　李小白完全被這隻可愛的小兔子吸引，她慢慢地朝小兔子走去，這時小兔子也發現她了，但牠並不驚慌，只是停止啃胡蘿蔔，目不轉睛地望著李小白。此時，李小白蹲在兔子前面，伸出手輕輕地撫摸著兔子……沒想到小兔子竟然乖乖地趴在地上，靜靜的讓她撫摸。

　　「好可愛的兔子呀，我也要摸一摸。」大塊頭的英格力一出現就把兔子嚇跑了。兔子在前面跑，三個孩子在後面追，追著追著，追到一個賣小動物的小攤子前，兔子便消失了。

　　「孩子們，要不要買一隻小兔子養呀？」

　　高斯回頭一看，沒想到是之前乘法王國遇到的迷糊老師，他面前擺了一個大大的籠子，裡面裝了很多隻兔子，還有很多隻雞。

　　「迷糊老師！」高斯和英格力同時喊出聲來。

　　迷糊老師熱情地請他們坐在攤位前的小板凳上，熱情地跟

他們聊天。「迷糊老師，你怎麼會在應用題王國呢？」

迷糊老師爽朗地笑了起來，「這我還要謝謝你們呢。」

「謝我們？」兩個人不知所以然。

「是呀，自從你們把我介紹到除法王國做兼職後，乘法國王便改寫了法律，鼓勵大家都去別的國家做兼職。我一個人做了很多兼職工作，生活愈過愈好，我們國家也愈來愈富裕了，這當然要感謝你們。」

「可是，你的兼職就是在這裡賣小動物嗎？」一旁的李小白問。「這位女同學一定是你們的新夥伴吧？歡迎妳來到我們數學王國。我在應用題王國的兼職，你們等會就懂了，我先給你們出道題目：

這個籠子裡裝的是雞和兔子，這裡面一共有 35 個頭，94 隻腳。算一算，籠子裡到底有多少隻雞？多少隻兔子？」

「迷糊老師，你這不是為難我們嗎？為什麼非把雞和兔子放在一個籠子裡？」英格力噘著嘴，嘟囔地說。

「我知道，這是老師們用來為難我們的雞兔同籠問題。」李小白不愧是李小白。

「既然妳知道，那妳來算這道題目吧。」英格力一下子就把「重任」推給她。但李小白立刻低下頭，不好意思地說：「其實……這一類應用題，我一直都不懂該怎麼做。」

迷糊老師早在地上寫出了一組公式：

雞兔同籠公式：

❶ 假設全都是雞，則：

兔數＝（實際腳數－2×雞兔總數）÷（4－2）

❷ 假設全都是兔，則：

雞數＝（4×雞兔總數－實際腳數）÷（4－2）

「這些公式是怎麼得來的呢？」看著三個孩子仍然不解的樣子，迷糊老師繼續畫圖給他們講解。

雞兔同籠解題技巧 1

步驟1：假設籠子裡全是雞，每隻雞有兩隻腳，籠子裡的腳數應該 35×2＝70（隻）。

步驟2：但籠子裡實際卻只有 94 隻腳，也就是多出的腳數目就是籠子裡兔子腳數的一半。即籠子裡兔子

腳數的一半為 94 − 70 = 24（隻）。
步驟 3：所以兔子的個數 = 24÷2 = 12（隻）

迷糊老師講了半天，三個孩子的臉上還是有些迷茫。迷糊老師稍微思考了一會，忽然想到了一個好主意，笑著對他們說：「這種假設法的確不好理解，現在我告訴你們一種更簡單的方法。假設我們讓籠子裡的兔子全體立正，提起前面兩隻腳。這樣雞和兔的腳數是一樣的，上面有 35 個頭，下面該有多少隻腳呢？」

「35×2 = 70（隻）。」英格力搶先說。

「和先前相比少了多少隻腳呀？」

「少了 94 − 70 = 24（隻）。」還是英格力的聲音最大。

「這 24 隻腳到哪裡去了呢？」

這下，三個人異口同聲地「哦」了一聲。那 24 隻腳到哪裡去？當然還是在兔子們的腿上，只是現在牠們是立正狀態，有一半的腳是在上面的。所以，兔子的數目很容易就能算出，即 24÷2 = 12（隻）。

但英格力仍然悶悶不樂，他皺著眉為難地說：「我們現在聽明白了，但這麼複雜的問題，沒準等一會我摔一跤就全部忘乾淨了。」高斯和李小白也有同樣的顧慮。

「放心吧，到最後那些例題，所有公式，還有解題過程，我會通通打包給你們。」迷糊老師微笑說道。「不過，多做練習題才是最好的方法。把解題思路都刻進腦子裡，就算連續摔幾個跟頭都不用怕。」

三個孩子都被他逗笑了。

雞兔同籠就是麻煩！

　　雞兔同籠的應用題會做了，三個孩子正想與迷糊老師告別。迷糊老師卻及時叫住他們：「孩子們，你們看，我這裡還有一籠雞和兔子。也就是說，還有另一種雞兔同籠的題型。」

　　英格力嘆了口氣說：「讓雞和兔子住在一個籠子裡就是麻煩，等我有錢，我一定要給牠們各買一個籠子，這樣一下子就能知道有多少隻雞，多少隻兔子了。」

　　大家都笑得肚子疼了。當大家安靜下來時，迷糊老師已經出好了題目：

　　雞兔共有 100 隻，雞的腳比兔的腳少 28 隻，問雞與兔各多少隻？

　　三個人皺著眉頭琢磨了好一會，都沒有琢磨出正確的作法。迷糊老師剛想在地上寫些什麼，英格力噘著嘴問：「迷糊老師，你不會又要給我們一些特別難理解的公式吧？」

　　高斯在一旁反駁他：「你別搗亂了，沒有公式怎麼解題。迷糊老師，你一定有絕招，快把你的絕招教我們。」

　　「好吧，我就不為難你們了，直接教你們絕招吧。」

雞兔同籠解題技巧2

步驟1：雞的腳數比兔的腳數少28隻，那假設我們再加上28隻雞腳，也就是再往籠子裡放入$28 \div 2 = 14$（隻）雞，雞與兔的腳數就相等。

步驟2：我們知道，1隻兔的腳數是1隻雞的腳數的$4 \div 2 = 2$（倍），也就是說，現在籠子裡雞數是兔子數的2倍。

步驟3：這個問題便轉化成了一個簡單的和倍問題，即雞兔共$100 + 28 \div 2 = 114$（隻），雞的隻數是兔的隻數的2倍，求雞兔各多少隻。

根據和倍問題的公式，兔的隻數$= 114 \div (2 + 1) = 38$（隻）。

步驟4：所以，雞的隻數$= 100 - 38 = 62$（隻）。

「絕招就是絕招，容易理解，又容易記住。」李小白說出她的心得。

「光理解、聽明白了還不夠，真正會做題目才行。」迷糊老師笑著想了想，繼續說：「這樣吧，給你們一個小任務，以上面那道題目，你們用另一種假設法來做。」

「另一種假設法？」三個人都有些不明白。

「剛才我們假設又加上了28隻雞腳，現在你們可以假設去掉28隻兔腳，這樣雞兔的腳數還是相同的。」迷糊老師耐心解釋著。

「這難不倒我們。」高斯滿懷信心地說：「去掉28隻兔腳，就等於去掉了$28 \div 4 = 7$（隻）兔子。那雞兔的總隻數便

變成了 $100 - 7 = 93$（隻）。雞兔的腳數相同，說明雞的隻數是兔的隻數的2倍。知道雞兔隻數的和，知道雞的隻數是兔的隻數的2倍，接下來就是小case了，根據和倍公式，兔的隻數 $= 93 \div (2 + 1) = 31$（隻）。」

和之前算的答案竟然不一樣，大家對他直瞪眼。

高斯繼續說：「要把之前拿出籠子的那7隻兔子放回去，所以，籠子裡的兔子的隻數 $= 31 + 7 = 38$（隻）。」

看他算出了正確答案，大家這才替他鬆了一口氣。

迷糊老師笑著，從口袋裡拿出一張紙，紙上寫的都是練習題（請見p.185）。迷糊老師把練習題交給他們，說明他的教學任務已經完成了，要與他們說再見了，但他們捨不得迷糊老師。

迷糊老師把練習題放到高斯手中，又看了看三個孩子，笑著說：「孩子們，別這樣，以後你們經常來數學王國，我們還會經常見面的。」

練習看看 雞兔同籠應用題

雞兔同籠練習題（一）

（1）龜鶴共有100個頭，350隻腳。求龜、鶴各多少隻。

（2）一份稿件，甲單獨打字需6小時完成，乙單獨打字需10小時完成。現在甲單獨打若干小時後，由乙接著打完，共用了7小時。問甲打字打了多少小時？

雞兔同籠練習題（二）

（1）有100個饅頭100個和尚吃，大和尚一人吃3個饅頭，小和尚3人吃1個饅頭，問大小和尚各多少人？

（2）買一些4分和8分的郵票，共花6元8角。已知8分的郵票比4分的郵票多40張，那麼兩種郵票各買了多少張？

練習題答案

雞兔同籠練習題（一）

（1）解：龜的隻數（350 － 100×2）÷2 ＝ 75（隻）

　　　　鶴的隻數100 － 75 ＝ 25（隻）

　　答：龜、鶴各75、25隻。

（2）解：我們把這份稿件平均分成30份（30是6和10的最小公倍數），甲每小時打30÷6 ＝ 5（份），乙每小時打30÷10 ＝ 3（份）。

　　現在把甲打字的時間看成「兔」頭數，乙打字的時間看成「雞」頭數，總頭數是7。「兔」的腳數是5，「雞」的腳數是3，總腳數是30，就把問題轉化成「雞兔同籠」問題了。

　　根據前面的公式 ：

　　「兔」數＝（30 － 3×7）÷（5 － 3）＝ 4.5

　　「雞」數＝ 7 － 4.5 ＝ 2.5

　　也就是甲打字用了4.5小時，乙打字用了2.5小時。

　　答：甲打字用了4小時30分。

雞兔同籠練習題（二）

（1）解：假設全為大和尚，則共吃饅頭（3×100）個，比實際多吃（3×100 － 100）個，這是因為把小和尚也算成了大和尚，因此我們在保證和尚總數100不變的情況下，以「小」換「大」，一個小和尚換掉一個大和尚可減少饅頭（3 － $\frac{1}{3}$）個。因此，共有小和尚（3×100 － 100）÷（3 － $\frac{1}{3}$）＝ 75（人）

共有大和尚 100 － 75 ＝ 25（人）

答：大小和尚各75、25人。

（2）解：如果拿出40張8分的郵票，剩下的郵票中8分與4分的張數就一樣多。

（680 － 8×40）÷（8＋4）＝ 30（張），就知道剩下的郵票中，8分和4分的各有30張。因此8分郵票有40＋30 ＝ 70（張）。

答：買了8分的郵票70張，4分的郵票30張。

⑩
他們被捕了

　　告別迷糊老師沒多久，他們就被抓了，原因是「破壞交通秩序」的罪名。

　　原來，告別迷糊老師之後，他們一直沿著應用題王國的大街往前走。走著走著，高斯發現路邊停了幾輛小汽車。高斯心想，這些汽車一定是給小孩子玩耍用的，不然不會這麼小。

　　高斯玩心大起，反正周圍沒有別人，就慫恿另外兩人分別爬上車。

　　沒想到才剛坐上去，那三輛車便動了起來，高斯那輛車的速度飛快，李小白的那輛車不快也不慢，最倒楣的是英格力，他本來就胖，坐在小小的車裡一點也不舒服，而且那輛車慢吞吞的像蝸牛散步。

　　英格力氣急敗壞地用他的大拳頭直砸方向盤，沒想到就這樣砸壞了，接著還失控的以飛快速度往前開。英格力的汽車瞬間超過李小白的汽車，接著，英格力看到遠處一個黑點，朝著黑點大喊：「高斯，快躲開，我的汽車失控了。」

　　高斯根本聽不到英格力的聲音，就這樣，一場交通事故發生了。幸運的是，高斯和英格力毫髮未傷，但那兩輛汽車卻撞壞了。

　　在兩車相撞的那一刻，警報自動響了起來。幾秒鐘之後，警員便趕到了。英俊的臉龐，高高的個子，不胖不瘦的身材，尤其穿上那身警服，真是一個帥氣的警員。

　　「有駕照嗎？」

　　兩人都低著頭，搖頭。

　　「精通與相遇和追及有關的應用題嗎？」

　　兩人對視了一眼，想了想，還是搖頭。

　　「對不起，你們被捕了。根據我們這裡的法律，你們要坐牢20年。」

　　「20年？」高斯和英格力同時喊了出來，「我們不就變成了一個大人了？」

　　帥氣警員不由分說，把他們推上警車。

「等一等。」就在這時，車後傳來一個堅定的聲音。兩個被捕的人心中燃起一絲希望。回頭一看，原來是李小白。剛剛燃起的希望瞬間熄滅了。

「如果你們要抓他們，連我一起抓走好了。」

不過，她也犯了偷車罪，警員抓她是正常的。就這樣，三個人都被捕了。

「那些停放在路邊的車是怎麼回事，又沒有人看管，這不是引人犯罪嗎？」經英格力這一說，三個人都覺得事有蹊蹺。

他們三個人的談話，被開車的警員聽得一清二楚。「告訴你們吧，那些車不是引人犯罪的，而是用來練習關於路程或追及應用題的道具。」

三個人這才恍然大悟。但說到這些，那位警員叔叔為什麼看起來那麼憂傷呢？

「我們也想學那些應用題。」李小白代表大家表明了心中想法。

警員停下車，認真地看著他們說：「其實你們可以選擇不坐牢，只要從現在開始，學會六種不同類型的應用題即可。」

「唉，你不早說，我們可是學習應用題的高手。」英格力表現自己向來不謙虛。

「不過……一旦你們之中有一個人過不了關，你們都得終生留在這裡，不得離開。」警員臉上的表情由憂鬱變成難過。

「啊！」三個人同時發出了驚喊，看來他們得好好考慮。

警員叔叔一本正經地對他們說：「既然我們相遇了，說明我們有緣。這樣吧，我先教你們一些簡單的相遇問題和追及問題。」說著，四個人同時下車，在路邊的樹蔭下講起課來。

相遇問題和追及問題

> 　　南京到上海的水路長 392 公里，同時從兩港各開出一艘輪船相對而行，從南京開出的船每小時行駛 28 公里，從上海開出的船每小時行 21 公里，經過幾小時兩船相遇？

　　「這樣的題目我會。」警員叔叔剛出完題目，英格力便搶先舉手發言。「講一講你的答案。」英格力一下子就把解題過程寫了出來：

$$392 \div (28 + 21) = 8（小時）$$

　　員警叔叔對他點了點頭，繼續問：「你能由這道題目總結出這類應用題的公式嗎？」

　　「公式？」英格力一下傻眼了，能夠做出那道題目已經是他的極限了，他才不會總結公式。

　　「這位女同學，妳來總結一下這類題目的公式。」

　　這題對李小白而言輕而易舉，兩個男生不服都不行。

> 相遇問題公式：
> 相遇時間＝總路程÷（甲速＋乙速）
> 總路程＝（甲速＋乙速）×相遇時間

停了停，李小白接著說：「這道題目還能這樣變形：

從南京和上海兩個港口分別開出一艘輪船相對而行，從南京開出的船每小時行 28 公里，從上海開出的船每小時行 21 公里，經過 8 小時後兩船相遇，求從南京到上海的水路之間的距離。

「我知道了，這樣我們就可以用後面的公式求路程了。即（28 ＋ 21）× 8 ＝ 392（公里）。」這次讓高斯搶了先機。

「相遇問題簡單，追及問題也不難。」說完，警員叔叔又出了一道題目：

好馬每天走 120 公里，劣馬每天走 75 公里，劣馬先走 12 天，好馬幾天能追上劣馬？

讀完題目，英格力嘟囔道：「還說不難，這種題目不是一般的難。」

「有這麼嚴重嗎？」警察叔叔聽到英格力的嘟囔，「記住下面這個公式，這種類型的題目就不難了。」

追及問題公式：
追及時間＝追及路程 ÷（快速－慢速）
追及路程＝（快速－慢速）× 追及時間

「公式，又是公式，我要是記不住公式怎麼辦？」英格力的老毛病又犯了，他故意給「老師」出難題。

　　「記不住公式那就自己推導。」沒想到警員叔叔脾氣挺好，說完便講起了公式的推導過程。

追及問題解題技巧

步驟1：我們假設x天之後，好馬追上了劣馬。那麼，劣馬所走的路程就是75×12＋75×x，即追及路程＋慢速×追及時間。而好馬所有的路程就是120×x，即快速×追及時間。

步驟2：好馬最終追上了劣馬，所以兩馬所走的路程實際上是相同的。即追及路程＋慢速×追及時間＝快速×追及時間

步驟3：現在我們把公式變換一下，即追及路程＝快速×追及時間－慢速×追及時間。即追及路程＝（快速－慢速）×追及時間。

步驟4：再把公式進行變形，追及時間＝追及路程÷（快速－慢速）。

　　李小白聽明白了，但高斯和英格力還有些似懂非懂。看到這種情況，李小白給他們的建議是：「做大量的應用題目，把公式牢牢地記在腦子裡，這樣遇到什麼問題都不怕了。」

　　因為不是專業的老師，針對高斯和英格力似懂非懂的情形，警員叔叔也沒有太好的方法，所以兩個男生只得按著李小白說的去做。

練習看看 相遇、追及應用題

相遇問題練習題

（1）小王和小趙在周長為400公尺的環形跑道上跑步，小王每秒鐘跑5公尺，小趙每秒鐘跑3公尺，他們從同一地點同時出發，反向而跑，那麼，二人從出發到第二次相遇需多長時間？

（2）甲、乙兩列火車同時從相距988公里的兩地相向而行，經過5.2小時兩車相遇。甲列車每小時行93公里，乙列車每小時行多少公里？

（3）甲、乙兩艘輪船從相距654公里的兩地相對開出而行，8小時兩船還相距22公里。已知乙船每小時行42公里，甲船每小時行多少公里？

（4）兩地相距270公里，甲、乙兩列火車同時從兩地相對開出，經過4小時相遇。已知甲車的速度是乙車的1.5倍，求甲、乙兩列火車每小時各行多少公里？

追及問題練習題

（1）甲乙二人同時從兩地騎自行車相向而行，甲每小時行15
公里，乙每小時行13公里，兩人在距中點3公里處相
遇，求兩地的距離。

（2）小明和小亮在200公尺環形跑道上跑步，小明跑一圈用
40秒，他們從同一地點同時出發、同向而跑。小明第一
次追上小亮時跑了500公尺，求小亮的速度是每秒多少
公尺。

（3）兄妹二人同時從家中出發、上學，哥哥每分鐘走90公
尺，妹妹每分鐘走60公尺。哥哥到校門口時發現忘記帶
課本，立即沿原路回家去取，行至離校180公尺處和妹
妹相遇。問他們家離學校有多遠？

練習題答案

相遇問題練習題

（1）解：（400×2）÷（5＋3）＝100（秒）

答：二人從出發到第二次相遇需100秒時間。

（2）解：988÷5.2 － 93 ＝ 97（公里）

答：乙列車每小時行97公里。

（3）解：（654 － 22）÷8 － 42 ＝ 37（公里）

答：甲船每小時行37公里。

（4）解：270÷4÷（1.5＋1）＝ 27（公里）27×1.5 ＝ 40.5（公里）

答：甲乙兩列火車每小時各行40.5、27公里。

追及問題練習題

（1）解：「兩人在距中點3公里處相遇」是正確理解本題題
意的關鍵。從題中可知甲騎得快，乙騎得慢，甲過了中
點3公里，乙距中點3公里，就是說甲比乙多走的路程是
（3×2）公里，因此：
相遇時間＝（3×2）÷（15 － 13）＝3（小時）
兩地距離＝（15 ＋ 13）×3＝84（公里）
答：**兩地距離是84公里。**

（2）解：小明第一次追上小亮時比小亮多跑一圈，即200公
尺，此時小亮跑了（500 － 200）公尺，要知小亮的速
度，須知追及時間，即小明跑500公尺所用的時間。又
知 小 明 跑200公 尺 用40秒， 則 跑500公 尺 用〔40×
（500÷200）〕秒，所以小亮的速度是（500 － 200）÷
〔40×（500÷200）〕＝300÷100＝3（公尺）
答：**小亮的速度是每秒3公尺。**

（3）解：要求距離，速度已知，所以關鍵是求出相遇時間。
從題中可知，在相同時間（從出發到相遇）內哥哥比妹
妹多走（180×2）公尺，這是因為哥哥比妹妹每分鐘多
走（90 － 60）公尺。二人從家出走到相遇所用時間為
180×2÷（90 － 60）＝12（分鐘）
家離學校的距離為 90×12 － 180＝900（公尺）
答：**家離學校有900公尺遠。**

他們真的遇到大麻煩了

　　做完練習題後，李小白還意猶未盡，她一邊思考一邊問：「警員叔叔，這些題目太簡單了，能再教我們一些有難度的題目嗎？」

　　英格力使勁睜大那雙小眼睛，憤怒地瞪著她：「李小白，妳故意跟我們過不去嗎？剛才的題目我還有些沒弄懂，妳照顧一下『弱者』行嗎？」說完故意做出一副弱小、惹人憐愛的樣子。

　　英格力的塊頭差不多有三個李小白大，他竟然在李小白面前自稱「弱者」，真是讓人笑掉大牙。

　　一向嚴肅的警員叔叔也被幽默的英格力逗笑了。但笑過之後，他又有些抱歉地說：「我也想多教大家一些，但說實話，我並不是專業的老師，更難的知識我沒有能力教你們了。」

　　李小白有些遺憾，而英格力卻在手舞足蹈。停了停，警員叔叔像是想起來什麼似的，「我沒有能力教你們，但我可以帶你們去拜訪一位著名的老師，據說他精通各種類型的應用題。如果你們真的闖關成功，我想請你們幫我帶個口信……」

　　警員叔叔欲言又止，三個孩子的好奇心被挑動起來了，他們追問帶什麼口信，帶給誰……警員叔叔卻垂下頭，不再正面

回答，「等你們闖關成功，我會去找你們的。」

看著警員叔叔表情傷感、痛苦，他們不再追問了，靜悄悄的一起上了警車。警車開了好一會，三個人都睡著了。醒來時，他們發現自己正躺在海邊的沙灘上，警員叔叔不見了，警車也不見了。

在這個神奇的數學王國裡，隨時都會有令人驚喜和驚奇的事情發生，所以對於剛才的遭遇，他們不感覺奇怪，反而欣賞起眼前的美景來。天是藍的，海是藍的，藍得明亮、透明，要不是海風偶爾會吹起一個又一個的波浪，他們真以為大海就是一塊半透明的藍色玻璃……。

海灘上沒有人，幾隻漂亮的海鷗站在水邊的沙灘上休息，不遠處有一間小木屋，三個孩子都有些口渴了，想去小木屋裡要杯水喝。正在此時，遠處傳來了悅耳的鳴笛聲，只見巨大的輪船停放在遠處的深水區。甲板上站著一個人，正拿著望遠鏡向這邊張望。

高斯和英格力以為那輪船是來接他們的，興奮地一邊跳，一邊朝甲板上的人揮手，然而，對方對他們並不感興趣，繼續鳴笛，望遠鏡仍然在張望……這時，小木屋的門開了，從裡面伸出一張大旗子，走出一個白鬍子老頭，老頭對著輪船的方向揮動了幾下，輪船鳴笛三聲後開走了。

三個孩子一頭霧水，這是怎麼回事呢？他們快速地朝小木屋跑去，離小木屋愈近，就愈看清門口站的老人面孔。高斯和英格力再次興奮地叫了起來，是他們在乘法王國時遇到的懶老師，懶老師正對他們微笑著。

「懶老師，你也來應用題王國兼職嗎？」

「懶老師，你手裡拿的旗子是做什麼用的，為什麼它上面

寫著水速呢？」

「懶老師，為什麼你一揮旗子，那輪船就開走了？」

高斯和英格力突然變成了「十萬個為什麼」，一直圍著懶老師不停的問這問那。

懶老師把他們帶進小木屋，微笑著說：「我知道你們遇到大麻煩了，所以特意在這裡等你們呢？」

「大麻煩？」三個孩子都大吃一驚。

「你們撞壞了應用題王國的兩輛車，按理說應該坐牢的。」沒想到懶老師的消息還挺靈通，「最後你們選擇了學知識闖關。但你們知道嗎？之前選擇闖關的孩子從來沒有過關，他們不得不一輩子待在應用題王國。你們之前遇到的那位警員

叔叔，就是15年前的闖關失敗者。那時他還是個孩子，一眨眼的工夫，他在應用題王國已經等了15年⋯⋯」懶老師鄭重地說。

三個孩子突然恍然大悟了，難怪他說起這些事那麼傷感，還要他們幫忙帶個口信⋯⋯原來他已經15年沒回家了。他們開始害怕了，想到以後可能再也見不到媽媽了，李小白哭著問：「那我們該怎麼辦？」

「方法不是沒有，但需要你們同心協力。只要把接下來的幾類應用題都學會，你們就可以重獲自由了。」

「等什麼，我現在就想學。」剛剛還排斥學習的英格力，突然變成了學習的狂熱擁護者。萬一回不去了，沒有零食的日子，他可怎麼熬。

與順水逆水有關的行船問題

　　雖然他們一再要求懶老師教數學，但懶老師似乎並不著急，不急不徐地跟他們閒聊，「你們想知道我這面旗子是做什麼用的嗎？」

　　「懶老師，你就別賣關子了，我們想學應用題。」

　　「心急做不了大事。」懶老師微笑著看著英格力，仍以一成不變的語速說：「這面旗子是用來測水流速度的。知道那些開輪船的人，為什麼要了解大概的水流速度嗎？」

　　「不知道，我們也不想知道。」英格力開始與懶老師頂起嘴來了。

　　「你們必須知道，因為它與一種類型的應用題有關。」

　　一聽與應用題有關，大家有了興趣。高斯接著問：「懶老師，我們想知道，你快告訴我們答案吧！」

　　這次，懶老師沒有回答，而是直接出了一道題目：

　　一條船順水行 320 公里需用 8 小時，風平浪靜時船速為每小時 25 公里，船在逆水航行這段路程時需用幾小時？

　　「懶老師，這道題目有問題。」高斯有了疑問。

「哦？它哪裡有問題？」懶老師笑著說，好像早就猜出了有人要質疑他。

「已知船行320公里用了8小時，由此可以得出船的速度，即320÷8＝40（公里／小時）。但已知條件中又說船速是25公里／小時，這不是自相矛盾嗎？」

「再認真的把題目讀一遍。」懶老師的表情嚴肅起來了。

「啊，我知道了。」高斯不好意思地吐吐舌頭，「我看錯題目了！是『順水』行320公里用8小時，但順水速度、逆水速度，還有風平浪靜時的船速之間有什麼關係呢？」

幾個孩子同時陷入了深思之中。這時，懶老師已經在房間的一面牆上寫出了公式：

行船問題公式：

❶ 順水速度＝靜水船速＋水速

❷ 逆水速度＝靜水船速－水速

❸ 靜水船速＝（順水速度＋逆水速度）÷2

❹ 水速＝（順水速度－逆水速度）÷2

❺ 順水速度＝靜水船速×2－逆水速度＝逆水速度＋水速×2

❻ 逆水速度＝靜水船速×2－順水速度＝順水速度－水速×2

「可是這些公式是怎麼得來的？」

懶老師還沒回答，英格力就接話，「用腳趾頭想都知道，順水行船時，水速是推動船前行的動力，所以，順水速度等於靜水船速加上水速；逆水行船時，水速是阻力，必須要減去水速。」

「這些我當然知道，我就是不知道後面幾個公式是怎麼導

出來的。」高斯回嘴，英格力沒話說了，兩人同時望著懶老師。懶老師一笑，「把上面兩個公式的左邊和左邊相加，右邊與右邊相加，看能得出什麼結果。」

「順水速度＋逆水速度＝靜水速度×２！」兩個人異口同聲的喊了出來。

「我知道了，後面的兩個公式都是由上面的兩個公式推導而來。」李小白忍不住出聲。

懶老師笑了，「上面那道題目難不倒你們了吧。」

三個孩子同時點頭。英格力搶著說：「這道題交給我，由我來講解這道題目的解題過程。」

行船問題解題技巧

第一步，求順水速度，由已知條件可得出順水速度，即
$320 \div 8 = 40$（公里／小時）。

第二步，求水速，水速＝順水速度－靜水速度，即 $40 - 25 = 15$（公里／小時）。

第三步：求逆水速度，逆水速度＝靜水速度－水速，即 $25 - 15 = 10$（公里／小時）。

第四步：求逆水時間，逆水時間＝路程÷逆水時間＝ $320 \div 10 = 32$（小時）。

沒想到英格力還有這麼認真的一面，用高斯的話說就是，這個人認真起來，說不定李小白都不是他的對手，只可惜，只有在極少的情況下他才會認真。

不管怎麼樣，英格力今天的表現是可圈可點，大家都對他刮目相看了。

火車過橋問題

　　好不容易這一種類型的題目弄清楚，英格力特別想表現，所以急切地請懶老師給大家出練習題。

　　懶老師卻轉移了話題，說：「先別急著做題，下面這道題更有意思，你們試著做一下。」

　　一座大橋長 2400 公尺，一列火車以每分鐘 900 公尺的速度通過大橋，從車頭開上橋到車尾離開橋共需要 3 分鐘。這列火車長多少公尺？

　　「這不就是簡單的路程問題嗎？」

　　剛聽完題目，英格力就發表起評論，「但是，路程、速度、時間都知道，卻求火車的長度……這道題……有點難度……」

　　高斯對他小聲地說：「不懂就別亂說話。」

　　懶老師接著寫出了下列許多公式：

火車相關公式：

❶ 火車過橋：過橋時間＝（車長＋橋長）÷車速

❷ 火車追及：追及時間＝（甲車長＋乙車長＋距離）÷
（甲車速－乙車速）

❸ 火車相遇：相遇時間＝（甲車長＋乙車長＋距離）÷
（甲車速＋乙車速）

「為什麼要把車長計算在內呢？」這是英格力的問題。

「火車的長度那麼長，當然不能忽略不計。」高斯回嘴。

「但是，為什麼是加一個車長，而不是加兩個車長呢？」
這回高斯啞口無言了。

「這個問題問得好，我正想詳細為你們講解。大家仔細想
一想火車過橋的過程，從火車頭上橋，到火車尾離開橋，過橋
的路程就是大橋的長度加上車身的長度。」

儘管懶老師講得很仔細，但高斯還是聽不懂，他不斷地重
複著問題：「為什麼要加一個車長，而不是加兩個車長呢？」

最後，懶老師沒有辦法了，只得強調說：「我們所說的是
過橋的路程，過橋的路程就是橋長加上車長，這是數學家之前
就規定好的。」

這種規定性的答案李小白當然樂意接受，但高斯和英格力
對此卻極度不滿意。

不滿意有什麼辦法呢？還是得記住。李小白馬上跳出來
講解題目：

火車過橋問題解題技巧

第一步：求火車3分鐘行了多少公尺，即900×3＝2700（公尺）。

第二步：求火車長度，即2700－2400＝300（公尺）。

第三步：列成綜合算式是900×3－2400＝300（公尺）。

「這年頭，只要把公式記住，誰都會做題目。」英格力感慨地說。

「是這樣嗎？你們來做做這道題目。」懶老師的語氣中充滿了懷疑。

看到懶老師如此不信任他們，高斯和英格力很不服氣。英格力小聲地對高斯說：「不相信我們的實力，我們就證明給他看。」

高斯鄭重地握住英格力的手，英格力朝他嚴肅地點頭。或許是被他們不服輸的氣魄感動，李小白也鄭重地把手伸了出來，三個夥伴的手緊緊地握在一起。

有兩列火車，一列車長120公尺，每秒行進18公尺，另一輛列車長180公尺，每秒行進12公尺，現在兩車相對而行，從兩車相遇到離開需要多長時間？

「相對而行，這是相遇問題，直接套公式。」英格力一馬當先地喊了出來。

「公式是什麼來著？」

「讓我看看，相遇問題……相遇時間＝（甲車長＋乙車長）÷（甲車速＋乙車速），即（120＋180）÷（18＋12）

＝ 10（秒）。」

兩個人合作，答案很快就算出來了。

但接下來，懶老師好像故意為難他們似的，「如果這道題目稍微變化一下，你們還會做嗎？」

有兩列火車，一列車長 120 公尺，每秒行進 28 公尺，另一列車長 180 公尺，每秒行進 12 公尺，現在兩車相向而行，從快車遇到慢車到超過慢車需要多長時間？

「相向而行，這是追及問題，追及問題的公式是：追及時間＝（甲車長＋乙車長）÷（甲車速－乙車速）。即（120 ＋ 180）÷（28 － 12），速算專家，快算一算得數是多少？」李小白馬上把問題丟給高斯。

「18.75 秒。」高斯迅速地給出答案。

懶老師滿意地對他們點點頭。

英格力得意地搖頭晃腦，自豪地說：「懶老師，這下你相信我們是實力派了吧。」

「是不是實力派我說了不算數，等你們再學完兩種類型的應用題，應用題女王會親自來考核你們。」懶老師一本正經地說道。

啊！應用題女王親自考核他們？這應該是一場非常有難度的考試。看來他們必須多做幾題練習題，還好，懶老師早已為他們準備好了 p.209-210 的練習題。

 行船、火車過橋應用題

行船問題練習題

（1）甲船逆水行360公里需18小時，返回原地需10小時；乙船逆水行同樣一段距離需15小時，返回原地需多少時間？

（2）一架飛機飛行在兩個城市之間，飛機的速度是每小時576公里，風速為每小時24公里，飛機逆風飛行3小時到達，順風飛回需要幾小時？

（3）一條輪船在兩碼頭間航行，順水航行需4小時，逆水航行需5小時，水速是每小時2公里，求這條輪船在靜水中的速度。

（4）一艘輪船從甲港開往乙港，順水而行每小時行25公里，返回甲港時逆水而行用了9小時，已知水流速度為每小時2公里，甲乙兩港相距多少公里？

火車過橋問題練習題

（1）已知快車車長182公尺，每秒行20公尺，慢車長178公尺，每秒行18公尺。兩車同向而行，問快車穿過慢車的時間是多少秒？

（2）一列火車長200公尺，全車通過長700公尺的橋需要30秒鐘，這列火車每秒行多少公尺？

（3）一列火車長240公尺，這列火車每秒行15公尺，從車頭進山洞到全車出山洞共用20秒，山洞長多少公尺？

（4）一列火車通過第一個長360公尺的隧道用了24秒鐘，接著通過第二個長216公尺的隧道用了16秒鐘，求這列火車的長度。

（5）某列車通過342公尺的隧道用了23秒，接著通過288公尺的隧道用了20秒，這列火車與另一列長128公尺、速度為22公尺的列車錯車而過，問需要幾秒鐘？

練習題答案

行船問題練習題

（1）解：由題意得甲船速＋水速＝360÷10＝36

甲船速－水速＝360÷18＝20

（36－20）相當於水速的2倍，所以，水速為每小時

（36－20）÷2＝8（公里）

又因為，乙船速－水速＝360÷15，所以，乙船速為

360÷15＋8＝32（公里／小時）乙船順水速為 32＋8

＝40（公里／小時）

所以，乙船順水航行360公里需要360÷40＝9（小時）

答：返回原地需9小時。

（2）解：〔（576－24）×3〕÷（576＋24）＝2.76（小時）

答：順風飛回需要2.76小時。

（3）解：設輪船在靜水中的速度為x，則有（x＋2）×4＝（x－2）5。由此可得x＝18。

答：這條輪船在靜水中的速度為18公里／小時。

（4）解：（25－2－2）×9＝189（公里）

答：甲乙兩港相距189公里。

火車過橋問題練習題

（1）解：（178 ＋ 182）÷（20 － 18）＝ 180（秒）

答：快車穿過慢車的時間是180秒。

（2）解：（200 ＋ 700）÷ 30 ＝ 30（公尺／秒）

答：這列火車每秒行30公尺。

（3）解：15×20 － 240 ＝ 60（公尺）

答：山洞長60公尺。

（4）解：車速：（360 － 216）÷（24 － 16）＝ 18（公尺）

火車長度：18×24 － 360 ＝ 72（公尺）或 18×16 － 216 ＝ 72（公尺）

答：這列火車的長度為72公尺。

（5）解：第一列火車速度：（342 － 228）÷（23 － 20）＝ 18（公尺）

第一列火車長度：18×23 － 342 ＝ 72（公尺）

錯車時間：（72 ＋ 128）÷（22 ＋ 18）＝ 5（秒）

答：需要5秒鐘。

15

植樹問題

　　三個孩子完成練習題後，懶老師傷感地說：「孩子們，你們只剩兩次學習的機會，明天結果如何就靠你們自己了。」說完，懶老師把他們帶到小木屋的外面，一本正經地說：「不管最後結果如何，在我的小木屋旁種幾棵樹，就算留個紀念吧。」

　　懶老師用手一指，地上突然出現一大堆小樹苗。三個孩子每人拿起一棵就想拿去種，懶老師卻制止了他們，「先別著急，在種之前，我們得先算清楚。」

　　我希望你們圍著我的小木屋種一圈樹。我之前量過，我的小木屋是一個標準的正方形，邊長是 4 公尺，如果每隔半公尺種一棵樹的話，你們知道一共可以種多少棵樹嗎？

　　「這還不簡單，小木屋的邊長是4公尺，那周長就是4×4＝16（公尺），所以，在16公尺的長度裡，我們可以種樹的棵樹是16÷0.5＝32（棵）。」英格力第一個喊出答案。

　　懶老師只笑，沒說話。接著問高斯：「你的意見呢？」

　　高斯想了想說：「我總覺得題目不會這麼簡單，英格力的

答案肯定錯了。」

懶老師又轉向李小白，「小白，妳是怎麼想的？」

「我和高斯的感覺相同，但英格力的答案錯在哪裡，我也不知道。」連李小白都說他的答案是錯誤的，英格力這才靜下心來仔細讀題目。

懶老師沒有做任何評論，仍然笑著說：「是對是錯，透過實際檢驗的結果最有說服力。來吧，我們一起來種樹。」

大家一起行動，小木屋周圍很快就種滿樹了。英格力趕緊去數他們一共種了多少棵樹。一共28棵，比他算的答案少了4棵，這是怎麼回事呢？

英格力數了又數，沒錯，就是28棵。又量了量樹與樹之間的距離，沒錯，都是0.5公尺，但為什麼……英格力把目光投向高斯和李小白。高斯無奈地攤手，李小白在搖頭，看來他們也不知道這是怎麼回事。

看著三個眼神迷茫的孩子，懶老師笑著說：「我的小木屋是四邊形，請記住，不管是四邊形還是三角形，在它們周圍植樹，是有固定公式的。」

植樹問題公式

❶ 方形植樹的棵數＝距離 ÷ 棵距 － 4

❷ 三角形植樹的棵數＝距離 ÷ 棵距 － 3

「這個公式是如何來得呢？我以我的小木屋為例講解。我們一個邊一個邊的來分析，我的小木屋邊長為4公尺，那在每個邊上可以種多少棵樹呢？」

「4÷0.5＝8（棵）。」英格力想都沒想就說出答案。

「**沒有經過思考的答案都是錯的**。英格力，以後你回答問題之前能不能先想一下？」懶老師的表情突然變得很嚴肅。英格力有些不好意思，他開始使用最笨的方法，一棵一棵去數小木屋每個邊上所植的樹，「天呀，每個邊上竟然有9棵樹。」

「是的，在直線上植樹，實際植樹的棵數要比分成的段數多1棵。所以，在直線上植樹的公式是這樣的：

> ❸ 直線植樹的棵數＝距離÷棵距＋1。

「但是……」英格力又發問。

懶老師沒給他機會開口，「但是，方形的四個頂點是很特殊的。你們看，在算這條邊時，這個頂點算了一次，在算相臨的另一條邊時，這個頂點又算了一次，也就是說，在算植樹的總棵數時，每個頂點多算了兩次，所以方形植樹的棵樹＝一條邊植樹的棵數×4－4×2，即周長÷棵距－4。」

三個孩子這才恍然大悟。懶老師打鐵趁熱地問：「如果我的小木屋是圓形的，周長是16公尺，還是每隔半公尺種一棵樹，可以種多少棵樹呢？」

「圓形的，不用考慮頂點的特殊情況，而且首尾兩端重合在一起，所以，植樹的棵數和所分成的段數相等。即16÷0.5＝32（棵）。」英格力想了一會，又搶先說出了答案。

懶老師對他伸出了大拇指，「這次有進步，不但知其然，還知其所以然。所以，在環形上植樹的公式就是……」懶老師對高斯眨了眨眼，聰明的高斯立刻搶先把公式說出來：

> ❹ 環形植樹的棵數＝距離÷棵距。

猜一猜懶老師的年齡

　　樹種好了，紀念留完了，接下來要做什麼呢？懶老師叫他們什麼也不做，就坐在一起閒聊天。懶老師先提了一個話題：「你們猜一猜我的年齡吧。」

　　記得當時在乘法王國時，懶老師親口對他說，他已經關在地牢裡300多年了。也就是說，他可能300多歲了。高斯猶豫了一下，「懶老師，你的年齡肯定在300歲之上。」

　　懶老師還沒來得及說話，李小白就道：「高斯，哪有人能活300多歲呀，我看懶老師的年齡只比我爺爺大一點點，是70多歲。」

　　懶老師笑了，對李小白說：「孩子，高斯說的話沒錯，我的年齡真的在300歲以上。至於我的具體年齡，你們可以從下道題目中得出答案：

　　5年前，我與我的兒子的年齡之和是450歲，今年我的年齡是我兒子年齡的4倍，你們能算出今年我們父子倆各多少歲嗎？」

　　看著懶老師說的那一組數字，李小白驚訝地張大了嘴巴。

驚訝過後,三個孩子剛想低頭算數,懶老師提醒他們道:「記住年齡問題的三個基本特徵:

第一,兩個人的年齡差是不變的;

第二,兩個人的年齡是同時增加或者同時減少的;

第三,兩個人的年齡的倍數是發生變化的。」

算了一會,高斯大叫一聲:「我算出來了!」並且馬上為大家說明解題過程:

年齡問題解題技巧 1

第一步:懶老師的年齡在增長,他兒子的年齡也在增長,所以今年懶老師與他兒子的年齡之和為 $450 + 5 \times 2 = 460$(歲)。

第二步:已知懶老師與兒子的年齡之和,以及之間的倍數關係,所以,由和倍公式可得,懶老師兒子的年齡為 $460 \div (4 + 1) = 92$(歲)。

第三步:所以,懶老師的年齡為 $92 \times 4 = 368$(歲)。

懶老師微笑著點頭,「沒錯,我今年已經368歲了。」接著,懶老師又給他們出了一個問題:

今年我 368 歲,我的年齡是我兒子的 4 倍,那明年我的年齡是我兒子的多少倍呀?

「當然還是……」要不是懶老師瞪了他一眼,不動腦筋的英格力又把錯誤答案喊出來了。被瞪之後,英格力開始靜心思考。幾分鐘之後,他確信自己已經找到了正確的解題方法:

年齡問題解題技巧2

步驟1：先求出今年懶老師兒子的年齡，即 $368 \div 4 = 92$
（歲）。

步驟2：明年懶老師的年齡為 $368 + 1 = 369$（歲），懶
老師兒子的年齡為 $92 + 1 = 93$（歲）。

步驟3：所以，明年懶老師的年齡是兒子年齡的倍數為
$369 \div 93 = 3.97$（倍）。

「其實，只要用心思考，很多應用題並不難，但怕就怕一些人不動腦，不看清楚題目就說答案，這樣的人是最愚笨的。」懶老師嚴肅地說。

這下子，平時不輕易臉紅的英格力唰的一下紅了起來，就像顆番茄，他在自己隨身攜帶的筆記本寫下這幾個大字：

先思考，再做題。

之後便開始做p.219懶老師給他們出的練習題。

練習看看 植樹應用題

植樹問題練習題

（1）一條河堤 136 公尺，每隔 2 公尺種一棵垂柳，頭尾都種，一共要種多少棵垂柳？

（2）一個圓形池塘周長為 400 公尺，在岸邊每隔 4 公尺種一棵白楊樹，一共能種多少棵白楊樹？

（3）一個正方形的運動場，每邊長 220 公尺，每隔 8 公尺安裝一個照明燈，一共可以安裝多少個照明燈？

（4）一座大橋長 500 公尺，幫橋兩邊的電杆上安裝路燈，若每隔 50 公尺有一個電杆，每個電杆上安裝 2 盞路燈，一共可以安裝多少盞路燈？

年齡問題練習題

（1）母親今年 37 歲，女兒今年 7 歲，幾年後母親的年齡是女兒的 4 倍？

（2）父親比兒子大 27 歲，4 年後父親的年齡是兒子的 4 倍。兒子現在幾歲？

（3）弟弟今年 8 歲，哥哥今年 14 歲。當二人年齡和是 50 歲時，二人年齡各是多少歲？

練習題答案

植樹問題練習題

（1）解：：$136 \div 2 + 1 = 68 + 1 = 69$（棵）

　　　答：一共要種69棵垂柳。

（2）解：$400 \div 4 = 100$（棵）

　　　答：一共能種100棵白楊樹。

（3）解：$220 \times 4 \div 8 - 4 = 110 - 4 = 106$（個）

　　　答：一共可以安裝106個照明燈。

（4）解：橋的一邊有多少個電杆？$500 \div 50 + 1 = 11$（個）

　　　橋的兩邊有多少個電杆？$11 \times 2 = 22$（個）

　　　大橋兩邊可安裝多少盞路燈？$22 \times 2 = 44$（盞）

　　　答：一共可以裝44盞路燈。

年齡問題練習題

（1）解：（37 － 7）÷（4 － 1）－ 7＝3（年）

答：3年後母親的年齡是女兒的4倍。

（2）解：根據差倍公式，4年後兒子的年齡為27÷（4 － 1）
＝9（歲）。

所以，現在兒子的年齡為9 － 4＝5（歲）。

答：兒子現在5歲。

（3）解：無論歲月如何變化，哥哥和弟弟的年齡差是不變
的，即為14 － 8＝6（歲）。根據和差公式，當二人的
年齡和為50時，哥哥的年齡為（50 ＋ 6）÷2＝28
（歲），那時弟弟的年齡為（50 － 6）÷2＝22（歲）。

答：當二人的年齡和是50歲時，哥弟二人的年齡分別是
28、22歲。

考核前的
最後一個夜晚

　　從交通事故到現在，他們已經學習了六種不同類型的應用題。學習的結果如何，就要等待明天應用題女王的檢驗了。考核前的晚上，三個孩子都睡不著，心裡滿滿的心事。

　　都說女孩子容易多愁善感，但此時在三個夥伴之中，英格力卻搶先傷感了起來。他自己心裡清楚，他的實力最危險，極有可能會扯另外兩個夥伴的後腿。此時，英格力已經陷入沉思，想著想著，突然，他眼角滲出了淚水⋯⋯

　　他在幻想考核的情景：雖然他平時動不動就跟李小白、高斯拌嘴，但說實話，他不想連累兩個夥伴。如果因為他，讓三個人都不能回到人間，他一定要牢牢地抱住應用題女王的大腿，苦苦哀求她：「把我的夥伴放了吧，我願意一生為您做任何事情。」想到那感人而又悲涼的場面，他情不自禁地流淚了。

　　李小白也正在替兩個夥伴擔憂，正想著如何才能助他們一臂之力。

　　高斯則是開始覺得緊張了。以前的他從不把考試當回事，但經歷了這段時間的風風雨雨，他已經發現了學習的樂趣以及好的方法。他不停地想著：要是考試時失誤了怎麼辦？要是

考核題目沒學過怎麼辦？要是考核真的沒通過怎麼辦……高斯愈想愈擔心，愈想心愈亂。

就在這時，門外傳來了敲門聲。在這個人煙稀少的地方，誰會突然來訪呢？高斯搶著去開門，沒想到警員叔叔正站在門外。

當警員叔叔說出：「15年前，我跟你們一樣」時，他們並沒有感到吃驚。

「你們知道我輸在哪裡嗎？」警員叔叔終於提起那段不堪回首的往事。三個孩子搖搖頭。

「那我先給你們出一道題目，預測一下你們明天是否能夠過關？」

三個孩子急忙點頭，現在他們最需要過來人的指點。警員叔叔發給他們每人一張白紙及一枝筆，接著拿出事先出好的題目。

一條船順水行 400 公里需用 10 小時，風平浪靜時船速為每小時 25 公里，這條船逆水行這段路程需用幾小時？

三個孩子互相看了一眼，不太理解，這不是最簡單的行船問題，難道應用題女王要考核的題目都這樣簡單嗎？

「警員叔叔，你別逗我們了，這樣的題目我隨便算都能算出來，還是出點有難度的題目吧。」英格力話一說出口，高斯和李小白都笑了。

但警員叔叔沒有笑，看來他是執意要他們做這道題目。沒辦法，他們只得低頭做題。不到 3 分鐘的時間，他們都寫下了各自的答案。

英格力的答案：

$400 \div [25 - (400 \div 10 - 25)] = 40$

高斯的答案：

$400 \div [25 - (400 \div 10 - 25)] = 40$（小時）

李小白的答案：

解：$400 \div [25 - (400 \div 10 - 25)] = 40$（小時）
答：這條船逆水行這段路需要用 40 小時。

警員叔叔公布的結果是，高斯和英格力沒過關，只有李小白一個人過關，所以，他們三個人的命運很有可能跟他一樣。

聽到這樣的結果，英格力有些不服，還想與警員叔叔理論，但高斯及時碰了碰他，小聲地說：「別再丟人了，我們輸了。」

他們輸在哪？輸在解題書寫。**如果考試時只寫答案不寫算式和過程，得不得分？當然不得分。**只有把詳細的解題過程寫得全面又清晰，才能得滿分。如果這樣就上「戰場」，等待他們的只有死路一條。

英格力終於了解，這個資訊對他們來說真的是太重要了。他剛想道謝，警員叔叔已經起身站在門口，他回頭看看三個孩子，「我就是輸在了書寫，你們千萬不要重蹈我的覆轍。」說完頭也不回地消失在海風中。

警員叔叔的提醒

依照規範書寫答案，確保萬無一失！

也許有人覺得數學王國太過嚴格，何必如此拘泥書寫的格式呢？但是，考試就是這樣，尤其應用題是一種訓練思維的考試，若不寫出全面又清晰的解題過程，怎能夠得到滿分？所以，平時就該養成規律的書寫習慣，不忽略任何細節，解題過程、答案、得數、單位全都寫上，考試時才不會因此失分哦！

應用題女王的
三個「陷阱」

今天是個特殊的日子，也是一個極為關鍵的日子。對於應用題王國的公民來說，今天要公開審判三個外來的「犯人」；對於高斯他們來說，今天是他們為自由而「戰」的日子，也是檢驗他們這段時間努力的結果。

考核是在王宮外的廣場上進行。等高斯一行人到時，廣場上已經擠滿了人，很多拿著長矛的士兵在維持秩序。應用題女王端坐在廣場的正中央，身後站著兩個侍女，一個打著傘為她遮陽光，一個為她搖著蒲扇……好奇心極重的高斯從遠處就開始偷偷地打量女王。她很漂亮，面相和善，身材有些微胖，但穿上那身複雜的禮服，顯得威嚴而又雍容華貴。咦？女王的旁邊還有三名侍女，她們的手中每人舉著一塊用紅布罩著的牌子，看來應用題女王一定是把考核他們的題目寫在這三塊牌子上了。

懶老師帶高斯他們見過女王，女王接著賜座。英格力心生驚訝，「這個國家的犯人待遇真好，還有位子可坐。」聽英格力這樣說，懶老師似乎有些不太高興，「請注意，你們現在的身分是等待考核的考生，而不是犯人。我們偉大的應用題女王，向來尊重每一位學習者。」

　　英格力吐了吐舌頭，不再說話。離正式考核還有半個小時的時間，為了避免緊張，高斯開始沒話找話的跟大夥聊天：「這位應用題女王看起來如此面善，相信她是不會為難我們的。」

　　英格力和李小白附和著，但懶老師卻悠長地嘆了一口氣。因為這個嘆息聲，他們感到一絲不祥。高斯急切地問：「難道應用題女王不善良嗎？她經常為難別人？」

　　懶老師沒有說話，又嘆了一口氣，這口氣更加悠長。他們緊張的心已經快跳到嘴巴裡了。

　　「所有人都知道，我們偉大的女王是一位善良的國王。」沉默許久的懶老師終於開口了。「但是，對待那些接受考核的人，她常常故意設下『陷阱』。」

「陷阱？」三個孩子倒吸了一口涼氣。

「是的。本來不該告訴你們的，但是……」懶老師一直皺著眉頭，沒說一句話。最後，他塞給了他們一張字條，字條上的內容是：

第一個陷阱：用簡單的題目迷惑你們。

應對方案：愈簡單的題目，愈不能掉以輕心。

第二個陷阱：用複雜的題目嚇唬你們。

應對方案：遇到看起來很複雜的題目，別害怕、別放棄，一點點去分析。

第三個陷阱：在細節處吹毛求疵。

應對方案：不忽略任何一個細節，解題過程、答案、得數、單位等，都按標準來寫。

字條剛看完，三個人還沒來得及仔細研究，考核便開始了。應用題女王命令手下發給他們每人一張白紙，一枝筆，並親自掀開了蓋在出題板上的紅布。

第一塊出題板上的題目是：

一條河堤 153 公尺，每隔 3 公尺種一棵垂柳，頭尾不種，一共要種多少棵垂柳？

三個孩子都有些納悶，這不就是最簡單的題目嗎？直接套公式就可以。但高斯一轉念，不對，肯定不會這麼簡單。想

到這裡，他忽然意識到了，這就是懶老師所說第一個「陷阱」，所以他小聲地對大家說：「這是第一個陷阱，大家不要掉以輕心。」

高斯一個字一個字地把題目讀了兩遍，他終於讀懂了，這道題目與之前他們所做的題目不一樣，它的條件是「頭尾不種」，所以，如果直接套公式肯定出錯。

高斯小心翼翼地寫出了答案：$153 \div 3 + 1 - 2 = 50$（棵）。但後來一想，不對，一定要寫出標準的解答過程，不然就中了應用題女王的第三個「陷阱」了。

所以，這次他一絲不苟地寫出解題過程：

解：$153 \div 3 + 1 - 2 = 50$（棵）
答：一共可以種 50 棵垂柳。

三個孩子都做完了，應用題女王派三名老師過來「批卷」。三名老師同時向女王點頭，看來三人的答案都是正確的。

女王微笑，又掀開了第二塊出題板上的紅布。只看了一眼題目，英格力就急出了一身汗，並且渾身開始顫抖，因為那道題目很長，看起來很複雜。

某輛列車要從甲地開到乙地，在這期間，它要通過兩個隧道，三座大橋，通過第一個長 342 公尺的隧道時用了 23 秒，通過第二個長 288 公尺的隧道時用了 20 秒，在經過第一座大橋時，被另一列長 128 公尺，速度為 22 公尺／秒的列車超過。問從第二輛列車遇到第一輛列車到完全超過它，用了多少秒？

高斯小聲地提醒英格力：「小心掉入第二個『陷阱』！」

英格力努力說服自己要鎮定。說實話，高斯心裡也有一點點緊張，但當他靜下心來分析題目時，他發現，過隧道又過橋……都是應用題女王用來嚇唬他們的。如果沒被那些複雜的字眼嚇住，就會發現那道題目的已知條件和所求問題都非常明確。

解：由已知條件可知，第一輛列車的速度為（342 － 288）÷（23 － 20）＝ 18（公尺／秒）。

所以，第一輛列車的長度為 18×20 － 288 ＝ 72（公尺）。

已知另一列車長 128 公尺，速度為 22 公尺／秒，所以，它們的錯開時間為（128 － 72）÷（22 － 18）＝ 14（秒）。

答：從第二輛列車遇到第一輛列車到完全超過它，用了 14 秒。

應用題女王對他們的表現非常滿意，她猶豫了一下，沒有掀開第三塊答題板上的紅布，而讓侍女找來一塊空白的出題板。看來，她是要重出題目了。

當女王打開出題板時，三個孩子都愣住了，因為上面沒有應用題，而是一道特殊的題目：

你們知道為什麼通過考核就不用受罰了嗎？

這道「題目」真的超出三個孩子的意外，他們不知道如何回答才好。

高斯轉頭望望懶老師，懶老師正對他微笑，這時他突然想

起懶老師所說的話，「我們偉大的應用題女王向來尊重每一位學習者」，想到這裡，高斯笑了一下，接著大聲回答道：「因為女王您尊重有知識、愛學習的人。」

女王笑了，笑起來的女王更加漂亮了。但接下來，她卻一本正經地說：「不是我尊重有知識的人，而是我們整個偉大的數學王國都尊重有知識的人。很多犯錯誤的人都是因為掌握的知識太少，但我們相信知識能夠彌補他們所犯下的那些不太嚴重的錯誤。」

三個孩子同時點了點頭，他們很慶幸自己來到了這個偉大的知識國度。

女王繼續說：「雖然我們注重教育和學習，但我們國家也有三種『笨蛋』，你們知道他們分別是指哪三種人嗎？」

一聽「笨蛋」兩字，高斯和英格力都低下了頭，因為他們在學校或家裡經常被稱作「笨蛋」。看著眼前的兩個小男孩表情有些尷尬，女王笑著說：「你們三個都是聰明的孩子。**我們數學王國的『笨蛋』分別是：不懂得珍惜學習機會的人；不用心學習的人；題目會做，但常常因為馬虎、粗心而出錯的人。**」

女王講完，英格力鬆了一口氣，對一旁的高斯說：「不如我們就待在數學王國吧，這樣一來就可以永遠擺脫『笨蛋』的外號了。」

在場的人都被他逗得哈哈大笑起來。

19

應用題女王的禮物

為了慶祝他們順利過關，應用題女王送給他們每人一份用漂亮盒子裝著的禮物，並叮囑他們，禮物回去後才能打開。

在雙手去接禮物的時候，高斯湊在女王耳邊說了一句話：「令人尊敬的女王陛下，您能答應我一個小小的請求嗎？」

「哦？什麼請求？說來聽聽。」

高斯用眼角餘光瞄了瞄人群中的警員叔叔，委婉地說：「女王陛下，我不是誠心讓您打破王國的規定，而是……那位因為解題書寫不標準而被留在應用題王國的警員叔叔……他已經與家人分開15年了……」

女王聽懂高斯的意思，她想了想，「看在他好心幫助你們的分上，我想，我應該讓他與家人團聚了。」

說完，她對旁邊的侍女耳語一番，侍女應聲離去。過了一會兒，高斯在人群中找不到那位警員叔叔的身影了。

就在這時，魔法書先生神不知鬼不覺地突然出現在大家的面前。

「咦？魔法書先生，你怎麼來了？」

「考核結束了，接你們回家呀！」

魔法書先生把他們帶回了「久違」的家中。回家後做的第一件事就是打開那個漂亮的盒子，看看應用題女王送給他們的禮物是什麼。

小心翼翼地打開盒子之後，三個人都在第一時間內分享自己的禮物：

「我的盒子裡是一枚小獎牌和一個特殊的禮物，幾道沒見過的應用題介紹。」

「我的盒子裡是一枚小獎牌和一個特殊的禮物，幾道沒見過的應用題以及簡要的分析。」

「我的盒子裡是一枚小獎牌和一個特殊的禮物，幾道沒見過的練習題及答案。」

三個孩子把三份特殊的禮物放在一起，一瞬間，奇蹟發生了，三張紙在空中轉呀轉呀，最後變成了一本書，書名就是：《應用題王國祕笈》。

這份「祕笈」，高斯現在還不想透露給任何人。因為聰明的高斯當然沒有忘記自己在「挑戰書」中寫下的內容：考不了第一，從此不再踏入樂事多小學半步。三個人在一起經歷了那麼多，李小白和英格力當然也捨不得高斯轉學，所以，對於這個祕笈，他們也會守口如瓶的。

尾聲

　　數學成績公布了，李小白毫無疑問地獲得了第一名，高斯僅僅以一分之差位居第二名，英格力也很認真有出息，考了第五名。

　　成績一公布，不只全班轟動，連全校都轟動了。大家似乎都忘記了挑戰書的事。他們最感興趣的事情是，高斯和英格力是如何在短時間內提升那麼多名次。

　　高斯想趁此機會貢獻「祕笈」，但沒想到這個機會卻被英格力搶先了。只見他以迅雷不及掩耳之勢從高斯手中搶過「祕笈」，迅速地跑到講臺上，「『祕笈』在手，考試不愁。」

　　就這樣，從此之後，江湖上流傳起了很多版本的「祕笈」，有手抄本的，有複印本的，有詳解版本的，有練習題版本的……據說有人還把這個「祕笈」以及這期間發生的故事寫成了書，要在全國發行呢。

　　寫這本書的人是誰呢？

　　有人說是高斯，有人說是李小白，還有人說英格力……

　　其實，他們都猜錯了，所有的人都陷入了一個幸福的「陰謀」：這一切的一切都是一個人策劃的。

　　他就是魔法書的發明者，也是那位偉大的數學家——高斯

的爸爸。

　　那本魔法書本來是高斯的爸爸特意為高斯製作的，是他送給兒子的一份特殊的禮物。但小孩子往往都不會珍惜輕易得到的禮物，於是他便聯合妻子以及魔法書先生演了一場場「好戲」：

　　不讓高斯接觸魔法書先生，是在吊高斯的胃口；

　　說魔法書是個不太完美的作品，也是他的「計謀」，那本魔法書是他一生最成功的作品；

　　魔法書先生與高斯之間的交易也是他安排的，天下哪個做父母的捨得讓自己的孩子近視眼或聲音出問題呢；

　　魔法書給高斯他們出的所有「難題」，都是他的安排，目的只有一個，讓他親愛的兒子更懂得珍惜學習的機會；

　　……

　　可惜，高斯同學卻一直被蒙在鼓裡。他一直認為爸爸不同意他與魔法書先生接觸，直到他考上了大學、研究生、博士……每次進入數學王國學習時，他都會挑一個爸爸、媽媽不在家的好機會。也正因如此，不管春夏秋冬，不管天氣如何，每天晚飯後，高爸爸和高媽媽都會外出散步……

　　魔法書先生是個講義氣的好人，有好幾次，他真想把這個祕密告訴高斯，但高爸爸卻不允許他說……所以，對於高斯來說，這還是個祕密。

　　如果你認識高斯，你會把這個祕密告訴他嗎？

特別附錄

數學速算祕笈

學好數學的SOP

❶ 告訴孩子：不認真讀題目，就不可能學好數學。

先一個字一個字地讀，確保沒有漏讀或讀錯字。例如，1公斤的棉花與1公斤的鐵哪個重？一個字一個字地去讀，就不會忽視「1公斤」了。

再快速地把題目再讀一遍，這時你才能明白題目的整體意思。

❷ 愈簡單的題目，愈不能掉以輕心；遇到看起來很複雜的題目，先放鬆一點一點的分析。

❸ 不忽略任何一個細節，解題過程、答案、得數、單位等，都不可偷懶，按照標準規格書寫。

學好加法速算祕技　一邊加，一邊減

❶ 在兩個數中選擇一個數，將末位加上一個補數變成0。例如，78＋37的運算，78加上2後就變成80。

❷ 將加上的補數在另一個數上減去。例如，一個數加上了2，另一個數37就得減去一個2，變成35。

❸ 將兩個變化後的數相加，很容易就得出最後答案了。

學好多位數加法的速算祕技　先把多位數分成多個二位數再相加

❶ 在進行四位數以上的加法計算時，從右側開始以兩位、兩位為單位，將數字進行分解後再計算，例如1284＋3458的運算。

❷ 根據兩位數的計算技巧，先算出84＋58＝142。

❸ 前兩位12＋34＝46，然後將46和142對準位數相加即可快速地得出最後結果4742。

學好二位數減法的速算祕技　先看被減數的個位數小於5還是大於5

當被減數的個位數小於5時：

❶ 把它拆分成兩個簡單的數來減。例如：98－32＝98－30－2＝66。

當減數的個位數大於5時：

❶ 加上一個可以讓末位數字變成0的數字。例如：84－29的運算，29＋1變成了30。

❷ 減數加了一個數字後，被減數也加上相同的數字，最後結果就是一樣的。即84－29＝（84＋1）－（29＋1）。

❸ 當減數變成末尾是0的數字時，得數便很容易算出。即（84＋1）－（29＋1）＝85－30＝55。

學好四位數減法的速算3祕技

方法1：學校中列出算式1000－349，必須從右往左借位、直式計算。

方法2：不需要借位，而且從左往右計算。先把第一位的數字去掉，然後把中間所有的0都變成9，保留最後一位0。但計算時，必須把它看成10來計算。即，9 － 3 ＝ 6，9 － 4 ＝ 5，10 － 9 ＝ 1，最後的答案是651。

方法3：用之前所說的簡便方法也可以計算。1000 － 300 ＝ 700，700 － 40 ＝ 660，660 － 9 ＝ 651，只是這種方法不如方法2來得簡便。

學好二位數乘法的速算2祕技

方法1：（第一個乘數＋第二個乘數的個位數字）×10＋第一個乘數的個位數 × 第二個乘數的個位數

❶ 例如，運算12×17。第一個乘數12和第二個乘數17的個位數7相加，然後乘以10。即（12＋7）×10 ＝ 190。

❷ 再用2和7相乘。2×7 ＝ 14。

❸ 對齊位數相加，便得出最後得數。190 ＋ 14 ＝ 204。

方法2：

❶ 任意二個兩位數相乘時，先將兩個十位數直排相乘。例如，28×64時，即2×6 ＝ 12。

❷ 將十位數和個位數的數字依對角線交叉相乘。2×4 ＝ 8，6×8 ＝ 48，然後將兩個得數相加。即（2×4）＋（6×8）＝ 56。

❸ 將兩個乘數的個位數相乘。即8×4 ＝ 32。

❹ 將超過十位的數值按圖示的方式進位相加，即可得到最後結果1792。

學好二位數除法的速算祕技　化繁為簡

$124 \div 5 = ?$

❶ 當一個數除以5，先用這個數除以10。即$124 \div 10 = 12.4$。

❷ 再用得到的商乘以2即為最後得數。即$12.4 \times 2 = 24.8$。

一個數除以4，也可利用化繁為簡法。例如：$108 \div 4 = ?$

❶ 當一個數除以4時，先將這個數除以2。即$108 \div 2 = 54$。

❷ 再用得到的商除以2，即為最後答案。即$54 \div 2 = 27$。

從此不害怕應用題的公式

和差問題公式：

大數＝（和＋差）÷ 2

小數＝（和－差）÷ 2

和倍問題公式：

總和 ÷（幾倍＋1）＝較小的數

總和 － 較小的數 ＝ 較大的數

差倍問題公式：

較小的數＝兩個數的差÷（幾倍－1）

較大的數＝較小的數 × 幾倍

相遇問題：

相遇時間＝總路程÷（甲速＋乙速）

總路程＝（甲速＋乙速）× 相遇時間

追及問題：

追及時間＝追及路程÷（快速－慢速）

追及路程＝（快速－慢速）×追及時間

順水與逆水的行船問題：

順水速度＝靜水船速＋水速

逆水速度＝靜水船速－水速

靜水船速＝（順水速度＋逆水速度）÷2

水速＝（順水速度－逆水速度）÷2

順水速度＝靜水船速×2－逆水速度＝逆水速度＋水速×2

逆水速度＝靜水船速×2－順水速度＝順水速度－水速×2

火車過橋問題：

火車過橋：過橋時間＝（車長＋橋長）÷車速

火車追及：追及時間＝（甲車長＋乙車長＋距離）÷（甲車速－乙車速）

火車相遇：相遇時間＝（甲車長＋乙車長＋距離）÷（甲車速＋乙車速）

植樹問題：

方形植樹的棵數＝距離÷棵距－4

三角形植樹的棵數＝距離÷棵距－3

直線植樹的棵數＝距離÷棵距＋1

環形植樹的棵數＝距離÷棵距

小野人 30

1-6年級 必讀故事書

數學小王子出任務

小學生最愛的闖關遊戲，
過關就學會了

※初版書名為：
《哇！數學就是闖關遊戲，過關就學會了》

作　者　樂多多

野人文化股份有限公司　　　　**讀書共和國出版集團**

社　　長　張瑩瑩　　　　社　　　　　長　郭重興
總 編 輯　蔡麗真　　　　發行人兼出版總監　曾大福
責任編輯　鄭淑慧、李怡庭　業 務 平 臺 總 經 理　李雪麗
專業校對　林昌榮　　　　業務平臺副總經理　李復民
行銷企劃　林麗紅　　　　實 體 通 路 協 理　林詩富
封面設計　周家瑤　　　　網路暨海外通路協理　張鑫峰
內頁排版　洪素貞　　　　特 販 通 路 協 理　陳綺瑩
　　　　　　　　　　　　印　　　　　　務　黃禮賢、李孟儒

出　　版　野人文化股份有限公司
發　　行　遠足文化事業股份有限公司
　　　　　地址：231新北市新店區民權路108-2號9樓
　　　　　電話：（02）2218-1417　傳真：（02）8667-1065
　　　　　電子信箱：service@bookrep.com.tw
　　　　　網址：www.bookrep.com.tw
　　　　　郵撥帳號：19504465遠足文化事業股份有限公司
　　　　　客服專線：0800-221-029
法律顧問　華洋法律事務所　蘇文生律師
印　　製　成陽印刷股份有限公司
初　　版　2014年8月
二版首刷　2020年3月

國家圖書館出版品預行編目資料

數學小王子出任務：小學生最愛的闖關遊戲，過
關就學會了(1-6年級必讀故事書) / 樂多多作. --
二版. -- 新北市：野人文化出版：遠足文化發行，
2020.03
　面；　公分. -- (小野人 ; 30)
ISBN 978-986-384-417-4(平裝)

1. 數學教育 2. 小學教學

523.32　　　　　　　　　　　109001567

本著作物由朝華出版社授權北京閱享國際文化傳媒有限公司代理，同意由野人文化股份有限公司出版中文繁體字版本。非經書面同意，不得以任何形式任意重製、轉載。

數學小王子出任務

線上讀者回函專用 QR CODE，你的寶貴意見，將是我們進步的最大動力。

野人文化
官方網頁　　野人文化
讀者回函

野人文化
讀者回函卡

書　名 _____

姓　名 _____ □女 □男　年齡 _____

地　址 _____

_____

電　話 _____ 手機 _____

Email _____

□同意 □不同意　收到野人文化新書電子報

學　歷 □國中（含以下）□高中職　□大專　　□研究所以上
職　業 □生產/製造　□金融/商業　□傳播/廣告　□軍警/公務員
　　　 □教育/文化　□旅遊/運輸　□醫療/保健　□仲介/服務
　　　 □學生　　　 □自由/家管　□其他

◆你從何處知道此書？
　□書店：名稱 _____　□網路：名稱 _____
　□量販店：名稱 _____　□其他 _____

◆你以何種方式購買本書？
　□誠品書店　□誠品網路書店　□金石堂書店　□金石堂網路書店
　□博客來網路書店　□其他 _____

◆你的閱讀習慣：
　□親子教養　□文學 □翻譯小說 □日文小說 □華文小說 □藝術設計
　□人文社科　□自然科學　□商業理財　□宗教哲學　□心理勵志
　□休閒生活（旅遊、瘦身、美容、園藝等）　□手工藝／DIY　□飲食／食譜
　□健康養生　□兩性　□圖文書／漫畫　□其他 _____

◆你對本書的評價：（請填代號，1. 非常滿意　2. 滿意　3. 尚可　4. 待改進）
　書名 _____ 封面設計 _____ 版面編排 _____ 印刷 _____ 內容 _____
　整體評價 _____

◆你對本書的建議：

_____

_____

_____

野人文化部落格 http://yeren.pixnet.net/blog
野人文化粉絲專頁 http://www.facebook.com/yerenpublish

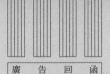